Staunen – Wissen – Entdecken

Maren Gottschalk
Mein Köln-Buch

Dieses Buch gehört

....

Maren
Gottschalk

Mein
Köln-
Buch

Wissensspaß
für schlaue
Kinder

Mit Illustrationen von Claudia Carls

emons:

Mein besonderer Dank geht an:
Nine,
Clara, Sonja, Felix,
Claus Faika
und an Detlef Reich

Inhaltsverzeichnis

Düsseldorf

Märchenwald
Altenberg

Rhein

Wupper

Leverkusen

Dhünn

Tagebau
Garzweiler

Bergisch-
Gladbach

Tagebau
Hambach

Frechen

Köln

Kerpen

Erftstadt

Vorgebirge

Bonn

Naturpark Rheinland

Wille

Erft

Kottenforst

Bevertalsperre

Neye-
talsperre

Große
Dhünntalsperre

Königsforst

Bergisches
Land

Sieg

Drachenfels

Siebengebirge

Wo liegt Köln?

Stell dir vor, du lernst einen Jungen aus der Schweiz kennen und der fragt dich: »Wo liegt eigentlich Köln?« Dann kannst du antworten: »Am Rhein!« Dann weiß der Schweizer schon mal ganz gut Bescheid. Vielleicht will er aber noch wissen, wie die Landschaft bei Köln aussieht und ob es dort Berge gibt, wie in seiner Heimat. Dann erklärst du ihm, dass Köln in einer Ebene liegt und von sanften Hügeln, Wiesen und Wäldern umgeben ist, in denen auch viele Tiere leben. Vielleicht fragt der Schweizer aber noch: »Ist es schön dort?« Was sagst du dann?

Ganz schön alt: Die Kölner Bucht!

Vor 30 Millionen Jahren rumorte es in der Erde. Gesteinsschichten verschoben sich und Teile eines Gebirges senkten sich ab. So entstand die Kölner Bucht. Weil sie gut geschützt zwischen Hügelketten rechts und links liegt, gehört sie zu den wärmsten Regionen in Deutschland.

Warum ist es am Rhein so schön?

Der Kölner Pegel zeigt die Tiefe des Rheins an.

Der Rhein ist eine »Lebensader«. So, wie Adern den menschlichen Körper mit Sauerstoff versorgen, bringt der Rhein der Stadt Trinkwasser, Waren und – Lebensfreude. Man kann am Rheinufer besonders schön spazieren, Radfahren, scaten oder spielen. An vielen Stellen darf man am Ufer auch grillen und Picknick machen. Dort legen sich die Leute auch gerne in die Sonne. Die Rodenkirchener nennen ihr Ufer deshalb auch »Kölsche Riviera«. Der Rhein ist vor über 10 Millionen Jahren entstanden. Zuerst waren es drei getrennte, kürzere Flüsse. Heute ist der Rhein 1 238,8 Kilometer lang, entspringt in der Schweiz und mündet in die Nordsee. Köln liegt am Niederrhein, am Stromkilometer 688. Dort steht ein kleiner weißer Turm, der Kölner Pegel. Er zeigt den Wasserstand des Rheins an, der sich täglich ändert, je nachdem ob es viel geregnet hat, ob Trockenheit herrscht oder ob es Hochwasser gibt, was im Frühling passieren kann. In der Breite misst der Rhein in Köln etwa 520 Meter und das Wasser fließt mit zwei bis zehn Stundenkilometern. Das klingt zwar nicht besonders schnell, aber Vorsicht: Im Rhein gibt es tückische Stromschnellen und Strudel, deshalb sollte man nicht darin schwimmen.

Das weltberühmte Köln-Panorama mit Dom und Hohenzollernbrücke

Über sieben Brücken mußt du gehn

Bei Köln führen sogar acht Brücken über den Rhein, darunter zwei Autobahnbrücken und zwei Eisenbahnbrücken. Die Rodenkirchener Autobahnbrücke war bei ihrer Einweihung 1941 die erste echte Hängebrücke Deutschlands.

Bau dir dein eigenes Floß!

Mitmachkasten!

DU BRAUCHST:

- Ein paar gerade, etwa gleich große Holzstücke,
- 1 Schnur, 1 Schere,
- Moosgummi oder dicke Pappe für das Segel

SO GEHT ES:

1. Lege 4–6 Holzstücke nebeneinander und vertäue sie mit der Schnur. Zum Stabilisieren bindest du auch quer dazu noch Holzstücke obendrauf. Dann kann auch eine Spielfigur mit dem Floß fahren.

2. An den Mast bindest du ein farbiges Segel, in das du mit der Scherenspitze kleine Löcher gedrückt hast, durch die du die Schnur ziehst.

3. Binde ein langes Stück Schnur an dein Floß, dann kannst du es auf dem Wasser fahren lassen und immer wieder in den Hafen zurückholen.

Wo liegt der Vorgarten von Köln?

Der rote Boskoop

Nur eine Fahrradstunde von Köln entfernt, liegt der »Naturpark Rheinland«. Dazu gehören ganz verschiedene, besondere Landschaften, wie der »Kottenforst« oder der Höhenzug »Ville«. Ein Naturpark ist nicht dasselbe wie ein Stadtpark oder ein Schlosspark. Er ist viel größer, ganze Dörfer und Städte befinden sich darin. 1959 hat der Naturfreund Dr. Adolf Toepfer aus Bonn den Vertretern der angrenzenden Städte vorgeschlagen: »Diese Landschaft, westlich von Köln, die ist so einzigartig, die wollen wir bewahren und schützen!«

Dann hat man sie zu einem Naturpark erklärt – dem größten in Nordrhein-Westfalen – und die Menschen zu Ausflügen dorthin eingeladen. Denn es gibt viel zu entdecken: Tiefe Wälder mit alten Bäumen, schöne Aussichtsplätze, stille Seen und ganz besondere Spielplätze für Kinder: Im Gymnicher Wassererlebnispark kannst du mit Wasser experimentieren, herumplantschen und sogar Floß fahren.

FLOSS FAHREN:
Gymnicher Wasserpark
Gymnicher Mühle 1
50374 Erftstadt-Gymnich.

Großer Spaß im Gymnicher Wassererlebnispark

*Apfelernte in der Obstplantage
von Familie Schmitz-Hübsch*

Wenn die Kölner im Mittelalter nach Aachen oder Trier reiten wollten, ging es zunächst bergauf und sie gaben der Erhebung den Namen »Vurberge«, also Vorgebirge. Das ist natürlich leicht übertrieben, denn viel höher als 200 Meter geht es gar nicht hinauf. Weil das Vorgebirge windgeschützt liegt und fruchtbaren Lössboden hat, ist es ein idealer Ort für Obstbäume und für Gemüse. Deshalb nennt man es auch den »Vorgarten von Köln«.

OBSTBAUMUSEUM:
Bonn-Brühler-Straße 14
53332 Bornheim / Rhein

Otto Schmitz-Hübsch

Otto Schmitz-Hübsch (1868–1950) war ein Obstkundler, der Äpfel und Birnen erforscht hat. 1923 entdeckte er eine neue Apfelsorte, den Roten Boskoop. Der schmeckt besonders gut in Apfelpfannkuchen oder als Bratapfel. Otto Schmitz-Hübsch war der erste, der eine richtige Obstbaumplantage in Deutschland anlegte. Seine Nachfahren bauen noch heute Obst an und haben auch ein Obstbaumuseum eingerichtet.

Woher kommt die Kohle?

»Her mit der Kohle!« sagen Bankräuber oft in Filmen, und meinen damit natürlich Geld. Warum ist das so? Schließlich ist Kohle nichts anderes als der Rest von Bäumen aus der Urzeit, die Millionen Jahre lang aufeinander gepresst unter der Erde lagen. Aber Kohle ist wertvoll, denn sie ist ein guter Energiespeicher. Wenn man Kohle verbrennt, entsteht Wärme. Man kann mit Kohle aber nicht nur heizen, sondern auch Strom erzeugen, indem man sie in Kraftwerken verbrennt.

Es gibt Braunkohle und Steinkohle. Die Steinkohle liegt sehr tief in der Erde. Sie wird deshalb »unter Tage« abgebaut und durch lange Schächte ans Tageslicht transportiert. Braunkohle hingegen wird im »Tagebau« gewonnen, weil man die Arbeit unter freiem Himmel erledigen kann. Im Rheinischen Braunkohlerevier westlich von Köln liegt die Kohle 200–400 Meter tief unter der Erde. Das Flöz, die Kohleschicht, kann bis zu 90 Metern dick sein. Um sie zu freizulegen, muss man aber zuerst die oberen Erdschichten abtragen. Das Tagebaugebiet ist so groß, dass man es sogar vom Weltall aus sehen kann. Alles, was vorher dort war, wird zerstört: Wiesen, Wälder, Dörfer. Mehr als 30 000 Menschen mussten im Rheinland deshalb umziehen. Vielen ist es schwergefallen, ihre alte Heimat zu verlassen. Weil der Braunkohle-Tagebau Schäden für Menschen und Umwelt mit sich bringt, soll er in den nächsten Jahren eingestellt werden. Denn es gibt andere Methoden, Strom herzustellen, die schonender für die Umwelt sind.

Kohlebagger bei der Arbeit

Monster-Maschinen?

Im Tagebau von Garzweiler arbeitet einer der größten Schaufelradbagger der Welt: Er ist 225 Meter lang und 95 Meter hoch. Jede seiner 18 Schaufeln hat einen Durchmesser von über 20 Metern.

Kaum zu glauben: Wo heute über 40 kleine Seen in der Ville liegen, wurde vor einigen Jahren noch Braunkohle abgebaut.

Was kommt nach den Baggern?

Wenn die Bagger eine Kohleschicht abgebaut und »ausgekohlt« haben, wird die zuvor abgeräumte Erde wieder eingefüllt. Dabei entstehen neue Landschaften mit Hecken, Wäldern, Äckern und Seen, in denen man sogar baden kann. Manche Tiere wie Hasen, Kaninchen, Mäuse und Hamster siedeln sich rasch von alleine wieder an, andere brauchen etwas Unterstützung: Deshalb werden Nistkästen für Höhlenbrüter und Fledermäuse aufgehängt und Sitzstangen für Greifvögel gebaut, weil die neuen Bäume erst noch wachsen müssen. Nach und nach holt sich die Natur das ehemalige Tagebaugebiet wieder zurück.

Wohnen Drachen rechts vom Rhein?

Südlich von Köln liegt das Sieben-gebirge. Wer versuchen will, sieben Berge zu zählen, wird schnell verzweifeln, denn es gibt über 50 Kuppen. Warum also Siebengebirge? Dazu erzählt man sich diese Geschichte: Sieben Riesen sollen das Rheinbett einmal freigeschaufelt haben, damit der Rhein wieder frei fließen konnte. Als sie mit der Arbeit fertig waren, haben sie die Erde von ihren Spaten geschüttelt – und schon war das Siebengebirge da.
Der höchste Gipfel heißt Großer Ölberg und ist 460 Meter hoch. Andere Gipfel heißen Löwenburg, Lohrberg, Nonnenstromberg, Wolkenburg, Rosenau.

Im Siebengebirge gibt es mehr als 50 Kuppen.

Früher glaubten die Menschen, es gäbe im Siebengebirge Drachen. Vielleicht heißt deshalb der berühmteste Gipfel Drachenfels. Auf seiner Kuppe, hoch oben über dem Rhein, thront eine Burgruine. Hinauf kommt man mit einer Zahnradbahn oder auf dem Rücken eines Esels, was etwas länger dauert. Auch das prächtige Schloss Drachenburg liegt auf dem Drachen-fels. Wer enttäuscht ist, weil er keine Drachen gesehen hat, kann in Königs-winter die Drachenhöhle besuchen. Am Ende eines schmalen Felsengangs liegt ein 13 Meter langer Drache aus Stein - und schläft. Ganz echt hinge-gen sind die Tiere nebenan im Reptili-enzoo. Sie sehen ein bisschen aus, wie »Verwandte« der Drachen.

Was ist ein Vulkan?

Das Siebengebirge entstand vor etwa 25 Millionen Jahren durch Vulkanausbrüche. Zu dieser Zeit lag die Kölner Bucht noch unter Wasser. Plötzlich wurde es laut: Heiße Lava und Steine schossen aus dem Erdinneren in die Luft und bedeckten ein riesiges Gebiet mit dem Trachyttuff, einem sehr harten Gestein. Bei weiteren Vulkanausbrüchen konnte die Lava die Oberfläche nicht durchstoßen, sondern wölbte die Erddecke nur nach oben. Dabei entstanden die sogenannten »Staukuppen« oder »Quellkuppen«, wie Drachenfels und Wolkenburg.

SCHLOSS DRACHENBURG
Drachenfelsstraße 118
53639 Königswinter

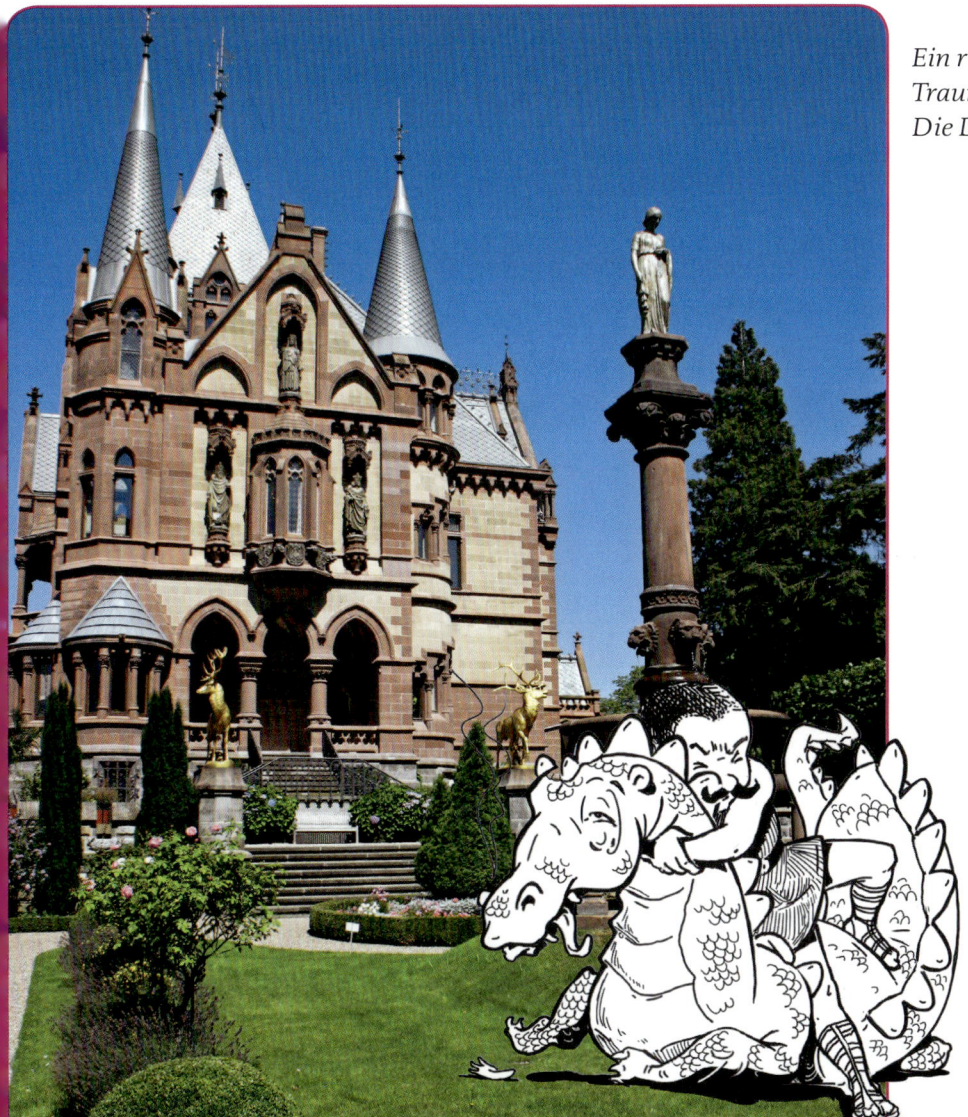

Ein richtiges Traumschloss: Die Drachenburg

Woher kommt das Trinkwasser?

130 Liter Wasser verbraucht ein Deutscher im Durchschnitt pro Tag, das sind mehr als zehn volle Eimer. Weil die Quellen und Brunnen im Bergischen Land nicht genügend Wasser für die Menschen der Region führen, wurden zwölf Stauseen und Talsperren angelegt. Die Hälfte davon dient dem Speichern von Trinkwasser und deshalb darf man dort nicht baden. Bei der Großen Dhünntalsperre, dem zweitgrößten Trinkwasserbecken in Deutschland, ist es sogar verboten, das Ufer zu betreten.

Das Bergische Land hat seinen Namen übrigens nicht bekommen, weil es bergig ist, sondern weil es den Grafen von Berg gehörte. Die wohnten zuerst in Altenberg, wo heute ein schöner Dom steht.

Die Aggertalsperre bietet viele Sportmöglichkeiten auch Segeln, Rudern und Tauchen.

Ausflugstipp zu den Eichhörnchen in den Baumwipfeln

WALDBRÖHL:
NATURERLEBNISPARK
PANARBORA

Warst Du schon einmal auf einem Baumwipfelpfad? Im Naturerlebnispark Panarbora kannst du dich 1 635 Meter lang über Baumwipfel führen lassen und dabei viel über Bäume und ihre Bewohner lernen. Auch Kinder im Rollstuhl dürfen hinauf. Im Panarbora gibt es außerdem einen Abenteuerspielplatz, ein Höhlenlabyrinth und einen Heckenirrgarten.

NATURERLEBNISPARK PANARBORA
NUTSCHEIDSTRASSE 1
51545 WALDBRÖL

Hier kannst du den Wald von oben sehen!

Ausflugstipp in das Zeitalter der Brüder Grimm

Nur ein paar Minuten vom Altenberger Dom entfernt liegt der Märchenwald. 18 Märchen der Gebrüder Grimm könnt ihr hier kennenlernen. Jedes von ihnen hat ein eigenes kleines Häuschen, in dem ihr die wichtigsten Figuren des Märchens sehen könnt: Rotkäppchen und den Wolf, den Froschkönig oder Rumpelstilzchen. An den meisten Häuschen könnt ihr euch das dazugehörige Märchen sogar als Tonaufnahme vorspielen lassen.

MÄRCHENWALD ALTENBERG
MÄRCHENWALDWEG 15
51519 ODENTHAL-ALTENBERG

ALTENBERG:
MÄRCHENWALD

Zu welchem Märchen gehört wohl dieses Haus?

Wie kommen die Wasserbüffel ins Bergische Land?

Zwei asiatische Wasserbüffel-Ochsen leben im feuchten Wiesenthal bei Immekeppel und stapfen glücklich durch den Sumpf. Dass sie manchmal bis zum Bauch im Matsch einsinken - immerhin wiegen sie 350–500 Kilogramm - macht ihnen nichts aus, sie lieben das sogar. Der Bergische Naturschutzverein hat die beiden Tiere, die »Immo« und »Keppel« heißen, ja auch nicht ohne Grund dort heimisch gemacht: Weil hier kein Traktor mehr fahren kann, sind die beiden Ochsen die einzigen, die Hochstauden und Gehölze kurz fressen. Damit schaffen sie ideale Voraussetzungen für bestimmte Orchideenarten.

Immo und Keppel fühlen sich wohl im bergischen Sumpf, aber von November bis Mai stehen sie lieber im Stall.

Warum haben die Kölner viele Wurzeln?

Wer lebte im Kölner Paradies?

Etwa 15 000 Jahre vor unserer Zeitrechnung lebten die Eiszeitjäger in der Kölner Bucht. Sie fühlten sich hier pudelwohl. Das Meer, das zuvor alles bedeckt hatte, war zurückgewichen und hatte eine flache, fruchtbare Ebene hinterlassen, durch die sich der Rhein schlängelte. Das Klima war angenehm und es gab genug zu essen: Früchte, Beeren und Nüsse, aber auch Tiere, die man jagen konnte: Rentiere, Wollnashörner und Mammuts. Die Eiszeitjäger bauten keine Häuser, sondern zogen immer dorthin, wo die Jagd sie hinführte. Sie schliefen in Zelten aus Tierhäuten.

Die Eiszeitjäger kannten bereits Hunde als Haustiere

Wo standen die ersten Häuser in der Kölner Bucht?

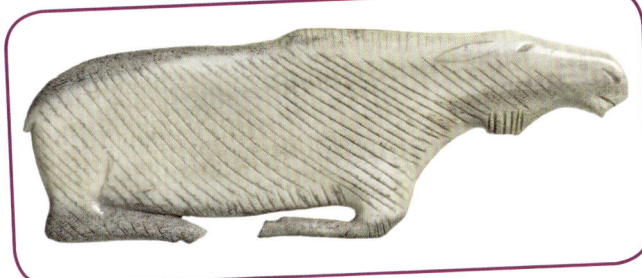

Auch Künstler gab es schon zur Zeit der Eiszeitjäger. Dieser hat eine Elchfigur geschnitzt.

Etwa 5 500 Jahre vor Christus – das war in der Jungsteinzeit – gab es auf dem Kölner Gebiet die ersten menschlichen Siedlungen. In Lindenthal fand man Reste von Häusern der »Bandkeramiker«. Sie werden so genannt, weil sie ihre Schalen und Becher mit Mustern verzierten, die wie ein breites Band wirkten. Die Bandkeramiker haben ihre Häuser sauber gehalten und sind in den Wald gegangen, wenn sie mal aufs Klo mussten. Ihre Vorräte haben sie in einer Grube neben dem Haus aufbewahrt, weil

Der Faustkeil. So praktisch wie ein Taschenmesser.

darin alles schön kühl blieb. Damit keine wilden Tiere oder Feinde eindringen konnten, haben sie einen Zaun um ihre Siedlung gebaut. Wenn jemand aus ihrer Gruppe starb, wurde er in Hockstellung beerdigt und bekam Waffen, Werkzeuge und Tongefäße mit ins Grab. Denn man glaubte, der Tote würde diese Dinge in einem neuen Leben wieder brauchen.

Das Taschenmesser unserer Vorfahren!

Die Eiszeitjäger haben ihre Werkzeuge aus Knochen und Steinen hergestellt. In Dellbrück fand man einen »Kernstein«, der etwa so groß ist wie eine kleine Melone. Von diesem Stein haben die Steinzeitmenschen Teile abgeschlagen, um daraus scharfe Klingen oder Speerspitzen zu fertigen. Im Königsforst entdeckte man einen Faustkeil, das »Taschenmesser« unserer Vorfahren. Damit konnten sie schneiden, schaben, schlagen, ritzen und Dinge zerhacken.

Warum hieß Köln früher CCAA?

Die Römer beherrschten vor 2 000 Jahren fast alle Länder, die am Mittelmeer lagen. Dann zogen sie nach Norden. Nachdem sie Gallien erobert hatten, marschierten sie weiter nach Germanien. Doch am Rhein war Schluss. Alle Versuche, das Land rechts des Rheins dauerhaft zu erobern, schlugen fehl. Daher errichteten die Römer am linken Ufer des Rheins ein großes Lager, um die Grenze ihres Reiches zu sichern. Dort siedelten sie die Ubier an, ein germanisches Volk, das mit den Römern verbündet war. Die Ubier gründeten die erste größere Siedlung auf dem Boden des heutigen Köln: Oppidum Ubiorum. Hier wurde auch die römische Kaiserin Agrippina geboren. Um ihr Ansehen zu erhöhen, sorgte sie dafür, dass ihr Geburtsort im Jahr 50 n. Chr. zu einer richtigen römischen Stadt ernannt wurde: »Colonia Claudia Ara Agrippinensium«, kurz: CCAA. Die Stadt wurde zum Regierungssitz des römischen Statthalters von »Niedergermanien«. Dieser wichtige Mann brauchte einen Palast: Er ließ das Praetorium bauen, von dem man heute noch Reste besichtigen kann.

So sah Köln zur Zeit der Römer aus. Sogar eine Brücke gab es schon.

Im Jahr 308 nach Christus ließ der römische Kaiser Konstantin eine Rheinbrücke bauen. Sie war aus Holz und ruhte auf Steinpfeilern. Damit keine Feinde in die Stadt kommen konnten, bauten die Römer auf der rechten Rheinseite einen Brückenkopf, ein großes Militärlager mit dicken Mauern und hohen Türmen. Später entstand daraus die Siedlung Deutz.

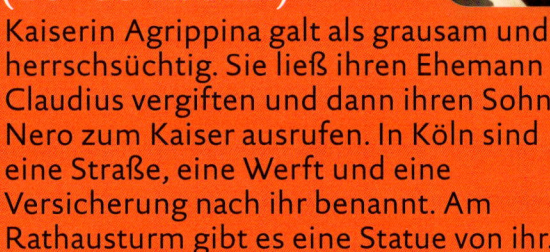

Agrippina die Jüngere (15–59 n.Chr.)

Kaiserin Agrippina galt als grausam und herrschsüchtig. Sie ließ ihren Ehemann Claudius vergiften und dann ihren Sohn Nero zum Kaiser ausrufen. In Köln sind eine Straße, eine Werft und eine Versicherung nach ihr benannt. Am Rathausturm gibt es eine Statue von ihr.

Was brachten die Römer den Germanen mit?

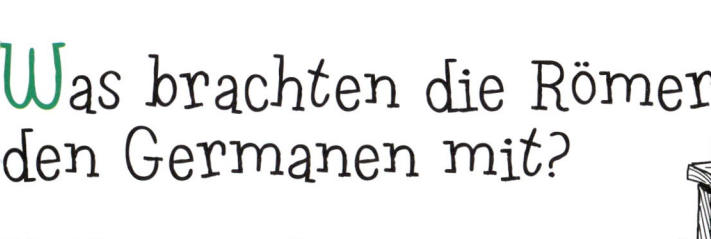

Die Römer waren den Ubiern technisch weit überlegen. Sie bauten eine Stadtmauer und pflasterten die großen Straßen. Weil sich in Köln wichtige Fernstraßen der Antike kreuzten, blühte der Handel in der Stadt. Man konnte Wein aus dem Süden Galliens kaufen oder Gewürze aus dem Mittelmeerraum. Die Kölner hatten aber auch selbst etwas zu bieten: Ihre Glas- und Keramikgefäße waren so beliebt, dass die Handwerker sie mit CCAA-Stempeln versahen, damit niemand ihre Waren kopieren konnte.

Wofür steht CCAA?

COLONIA: Stadt mit römischem Recht
CLAUDIUS: römischer Kaiser, Ehemann der Agrippina
ARA: wichtiger Altar
AGRIPPINA: Die Stadtgründerin

Wie fromm waren die Franken?

Die Franken galten als mutig, tapfer und frei. Sie vertrieben die Römer im Jahr 454 endgültig aus Köln und zogen in die leeren Paläste ein. Sie glaubten an Naturgötter, denen sie Tiere und manchmal sogar Menschen opferten. Erst der fränkische König Chlodwig I. ließ sich 497 taufen und machte damit aus Köln eine christliche Stadt.

Kaiser Karl der Große erhob Köln um das Jahr 800 zu einem Erzbistum, dessen Leitung er in die Hände seines Freundes Hildebold legte. Dieser war nicht nur mächtig, sondern auch klug. Zu seiner Zeit wurde der erste Dom von Köln gebaut. Diese Kirche war romanisch. Sie hatte Rundbögen und wirkte gedrungener als der heutige Dom.

Chlodwig I. (466–511)

Chlodwig I. stammte aus der Königsfamilie der Merowinger. Er glaubte, dass er von einem sagenhaften Meerungeheuer abstammte und über besondere Kräfte verfügte. Alle Merowinger trugen lange Haare als Zeichen ihrer Königswürde. Als Chlodwig die wichtige Schlacht bei Zülpich zu verlieren drohte, leistete er in seiner Verzweiflung einen Schwur: Wenn er siegen würde, dann wollte er sich christlich taufen lassen. Und so kam es dann auch.

Der erste Kölner Dom wurde im 9. Jahrhundert gebaut und sah ungefähr so aus.

Warum galt Köln als heilige Stadt?

Im Mittelalter glaubten die Menschen, schlechtes Benehmen und böse Taten würden nach dem Tod mit Fegefeuer oder Hölle bestraft. Deshalb gingen sie zur Beichte und ließen sich Strafen aufbürden, mit denen sie ihre Schuld abbüßen konnten. Außerdem beteten sie Reliquien an. Das sind Überreste von Menschen, die als Heilige galten. Knochen, Haare, Zähne, Nägel oder Kleiderreste von Heiligen sollten – so glaubte man – besondere Kräfte haben. Köln war im Mittelalter berühmt für seine vielen Reliquien. Sie wurden in edlen Gefäßen aufbewahrt, den Schreinen. Viele Pilger kamen nach Köln, um die Reliquien anzubeten.

Dies ist die Stirnseite des Dreikönigenschreins. In die kostbare Goldschmiedearbeit wurden auch Edelsteine gesetzt.

Die berühmtesten Knochen der Welt!

1164 schenkte Kaiser Barbarossa dem Kölner Erzbischof Rainald von Dassel die Reliquien der Heiligen Drei Könige. Niemand weiß, ob es wirklich ihre Knochen sind, aber damals glaubten es alle. Daraufhin kamen so viele Pilger nach Köln, dass es im alten Dom zu eng wurde. Deshalb begann man 1248 mit dem Bau des gotischen Doms, der heute noch steht.

Wer hatte das Sagen im mittelalterlichen Köln?

Viele hundert Jahre lang waren die Erzbischöfe von Köln auch die Herren der Stadt. Sie besaßen einen eigenen Palast, die Pfalz, und viel Land. Die Erzbischöfe durften eigene Münzen prägen und Recht sprechen. Die Kölner mussten ihnen einen bestimmten Teil ihrer Einkünfte abtreten und das gefiel den Bewohnern bald nicht mehr.

Doch wer waren eigentlich die Kölner? Es gab nicht nur Knechte, Mägde, Bauern und Bettler, sondern auch Handwerker- und Kaufmannsfamilien. Und je reicher die Kölner wurden, desto unzufriedener waren sie mit ihrer Stellung. Sie wollten mitbestimmen, was in Köln geschah. Immer wieder kam es zu Aufständen gegen den Erzbischof. Im Jahr 1180 bauten die Kölner sogar gegen den Willen ihres Herrn eine neue Stadtmauer mit zwölf großen Toren, darunter das Severinstor, das Eigelsteintor und das Hahnentor, die heute noch zu sehen sind. Zuletzt ernannten die Kölner einen eigenen Rat, der das Leben in der Stadt bestimmen sollte. Nach der Schlacht bei Worringen 1288 durfte der Erzbischof nicht einmal mehr in Köln wohnen. Die Stadt wurde später eine »freie Reichsstadt« und war nur dem Kaiser untertan.

Ausflugstipp mit Willi zu Stephan Lochner

WALLRAF-RICHARTZ-MUSEUM KÖLN

Im Wallraf-Richartz-Museum kannst du eine spannende Rätsel-Rallye unternehmen und dabei auch Geschichten über die Bilder von Stephan Lochner erfahren: »Mit Willi unterwegs«. Achtung: du musst dir das Heft dazu im Internet vorher ausdrucken unter: http://www.wallraf.museum/junior/

Die »Madonna im Rosenhag« von Stephan Lochner

WALLRAF-RICHARTZ-MUSEUM
OBENMARSPFORTEN 40
50667 KÖLN

Mal dir ein eigenes Wappen!

Jede Patrizierfamilie in Köln hatte ein eigenes Wappen, ein Erkennungszeichen. Das Wappenschild der Familie »Hardevust«, die nach einer »harten Faust« benannt ist, zeigt zwei gekreuzte Arme mit geballten Fäusten. Hier siehst du das Wappen der Stadt Köln: Die drei Kronen stehen für die Heiligen Drei Könige, die elf Tropfen stehen für die Heilige Ursula und ihre 10 Begleiterinnen.

SO GEHT ES:

Überlege vorher, was du auf dem Wappen zeigen willst:
• deinen Namen
• den Beruf deiner Eltern
• den Beruf, den du einmal haben willst
• Tiere, die du besonders magst

Mitmachkasten!

❶

❷

Wer oder was waren die Gaffeln?

Die reichsten Kölner Familien, die Patrizier, wollten alles alleine bestimmen. Ihr Zusammenschluss hieß »Richerzeche«, darin steckt das Wort »reich«. Das gefiel aber den Handwerkern nicht, die sich ebenfalls in Gruppen organisierten, den Zünften. Schließlich fanden die Kölner sich in neuen Gruppen, den Gaffeln zusammen und unterzeichneten 1396 den »Verbundbrief«, in dem sie ihre Regeln festlegten. Die Kölner Maler gehörten zur sogenannten Schildergaffel. Dort war auch Stephan Lochner Mitglied, einer der begabtesten Kölner Maler des Mittelalters. Seine Bilder sind für ihre leuchtenden Farben und die schönen Gesichter berühmt. Lochner lebte und arbeitete um 1440 in Köln. Er war Ratsherr und ein reicher Mann.

Köln im Mittelalter: Mit Bayenturm und dem halbfertigen Dom.

Warum war Köln früher so reich?

Manchmal hatten die Kölner einfach Glück: Die Tiefe des Rheinbetts ändert sich nämlich genau bei ihrer Stadt. Und das machte sie reich! Denn die schmalen aber tiefen Oberländer-Schiffe, die vom Süden kamen, mussten ihre Waren bei Köln auf die flachen »Niederländer« Schiffe umladen. Und umgekehrt, denn die Niederländer-Schiffe waren zu breit für das enge Rheintal südlich von Köln. Dann bekamen die Kölner noch das Stapelrecht: Seit 1259 mussten alle Händler ihre Waren drei Tage lang im Kölner Stapelhaus auslegen und zum Verkauf anbieten. Da hatten die Kölner die beste Auswahl!

»Pilgerzeichen«: Solche Broschen kauften die Pilger als Andenken an Köln.

Ausflugstipp in die Kölner Stadtgeschichte

KÖLNISCHES STADTMUSEUM KÖLN

Im Kölnischen Stadtmuseum sind spannende Gegenstände ausgestellt, die uns die Menschen aus früheren Jahrhunderten hinterlassen haben: Spielsachen, Kleidung, Waffen, Handwerksgeräte oder Gemälde. Außerdem kannst du dort an einem Modell sehen, wie die Stadt früher ausgesehen hat.

KÖLNISCHES
STADTMUSEUM
ZEUGHAUS-
STRASSE 1
50667 KÖLN

Der Hüter der Kölner Stadtgeschichte

Interview mit Dr. Mario Kramp, Direktor des Kölnischen Stadtmuseums

Dr. Mario Kramp

Welche Waren wurden in Köln gestapelt?

Alles, was von Norden, also von Skandinavien oder England her nach Italien transportiert wurde und umgekehrt. Wein, Stoffe, Fische....

Fangen Fische nicht an zu stinken, wenn sie drei Tage lang ausliegen?

Ja, deshalb hat man die Fische auch haltbar gemacht. Sie wurden in Salzlake eingelegt, getrocknet oder geräuchert. Und dann in Fässer verpackt.

Woher wusste eine Käuferin in London, dass sie gute Fische gekauft hatte?

Die Kölner haben die Waren geprüft und die Fässer mit einem Zeichen versehen. Das war ein Brandzeichen, so ähnlich, wie sie die Rinder im Wilden Westen bekamen. Heute würden wir sagen: Ein Gütesiegel mit Haltbarkeitsdatum.

Gab es noch mehr Gründe dafür, dass Köln im Mittelalter so reich war?

Die vielen tausend Pilger, die nach Köln kamen, brachten der Stadt auch Geld. Denn Sie haben hier geschlafen, gegessen und Andenken gekauft. Wie die Touristen heute.

Was gab es damals für Andenken?

Zum Beispiel Pilgerzeichen, die sehen so ähnlich aus wie Broschen. Die Pilger haben sie sich auf den Mantel genäht. So konnten sie stolz zeigen, dass sie in Köln gewesen sind. Außerdem glaubten sie, die Pilgerzeichen würden noch ein bisschen von dem Heil der Reliquie besitzen. In unserem Museum kann man solche Pilgerzeichen sehen.

Alle Schiffe mussten ihre Waren bei Köln umladen. So kamen die Kölner an das Stapelrecht.

Wie lebten die Juden in Köln?

Juden, Christen und Muslime haben viel gemeinsam. Sie glauben an einen einzigen Gott, den Schöpfer des Universums. Sie beten zu ihm und bitten ihn um Hilfe für ihr Leben. In allen drei Religionen gibt es Engel, die als Boten von Gott zu den Menschen geschickt werden.

Die jüdische Gemeinde von Köln entstand schon in der Römerzeit. Im Mittelalter zählte sie bis zu 1 000 Mitglieder. Damals lebten die Juden in einem eigenen Stadtviertel in der Nähe des Rathauses. Dort war die Synagoge, also das Gebets- und Versammlungshaus der Juden. Außerdem gab es ein Krankenhaus, eine Schule, eine Bibliothek und auch eine Mikwe, ein spezielles Badehaus. Noch heute erinnert die »Judengasse« an dieses Stadtviertel.

Viele Juden waren Gelehrte, Ärzte, Silber- und Goldschmiede und Kaufleute. Weil ihnen die meisten anderen

Der neunarmige Leuchter wird nur zum Chanukka-Fest angezündet.

Die Synagoge in der Roonstraße wurde 1899 zum ersten Mal geweiht und später zerstört. 1959 war der Wiederaufbau fertig.

Mit solch einem »Dreidel« spielen die Kinder beim Chanukka-Fest.

Berufe verboten waren, haben die Juden auch als Geldverleiner gearbeitet, denn das war ein Beruf, den die Christen nicht ausüben durften.

Das Zusammenleben von Juden und Christen war zunächst friedlich, aber seit dem 11. Jahrhundert haben die Christen ihre jüdischen Mitbürger immer wieder verfolgt. Sie warfen den Juden vor, schreckliche Dinge zu tun, Brunnen zu vergiften oder Krankheiten zu verbreiten. Nichts davon stimmte, oft wollten die Verfolger nur ihre Schulden bei den Juden loswerden. Außerdem waren sie neidisch auf deren Besitz. Die Kölner Erzbischöfe versprachen den Juden immer wieder, sie zu beschützen, aber die Juden wurden trotzdem überfallen, beraubt und viele von ihnen ermordet.

1424 wurden die Juden »auf alle Ewigkeit« aus der Stadt vertrieben. Viele siedelten sich auf der anderen Rheinseite in Deutz oder Mülheim an, zwei Orte, die damals noch nicht zu Köln gehörten. Erst 1798 ließ sich wieder eine jüdische Familie in Köln nieder.

Was ist eine Mikwe?

1956 fand man bei Bauarbeiten einen 15 Meter tiefen Schacht, der zur Mikwe hinunter führt. Das ist ein besonderes Bad, weil es dort »lebendiges«, also fließendes Grundwasser gibt. In die Mikwe gingen Frauen nach der Geburt eines Kindes oder Menschen, die einen Toten berührt hatten, um sich zu reinigen.

In die Mikwe führt eine Treppe hinunter zum Wasser.

Wovor hatten die Kölner Angst?

Friedrich Spee, ein Gegner der Hexenverfolgung und Katharina Henot, die Verfolgte, stehen am Kölner Rathausturm nebeneinander.

Menschen haben Angst. Das ist normal und wichtig, damit sie auf sich aufpassen. Manche Ängste bleiben immer dieselben, wie die vor Tod und Krankheit. Aber es gibt auch Ängste, die wir heute gar nicht mehr kennen. So hatten die Kölner eine Zeitlang große Angst vor »Hexen«. 1626 klagten die Nonnen des Kölner Clara-Klosters die Postmeisterin Katharina Henot als Hexe an. Sie sei schuld an einer Raupenplage, an Streit im Kloster und an Krankheit und Tod einzelner Nonnen. Katharina wurde verhaftet und gefoltert. Man fügte ihr große Schmerzen zu, damit sie ihre Taten gestehen würde. Doch Katharina hat nie etwas gestanden. Trotzdem wurde sie 1627 verbrannt. Solche Hinrichtungen fanden auf Melaten statt. Dort hatte im Mittelalter ein Gutshof gestanden, in dem Menschen mit schlimmen ansteckenden Krankheiten wie Lepra Zuflucht suchten, nachdem man sie aus der Stadt gejagt hatte. Heute ist Melaten der größte Friedhof von Köln.

! Bloß nichts Neues!

Am Ende des Mittelalters brach in vielen Städten eine neue Zeit an. In Köln nicht. Die Kölner fürchteten alles Neue und hielten an ihren alten Bräuchen fest. Auch Menschen mit einem anderen Glauben wie die Protestanten wollten sie nicht in der Stadt dulden. Zwei von ihnen, Adolph Clarenbach und Peter Fliesteden, haben sie sogar hingerichtet.

Kann man das Unrecht an den sogenannten »Hexen« wiedergutmachen?

So stellten sich die Menschen des Mittelalters eine Hexe vor.

Fast 100 Menschen wurden in Köln wegen Hexerei verurteilt. 37 von ihnen wurden hingerichtet, die meisten auf dem Scheiterhaufen verbrannt. Niemand kann das heute ungeschehen machen. Aber man kann Zeichen setzen: So hat der Stadtrat von Köln im Jahr 2012 öffentlich verkündet: Es war Unrecht, Menschen wegen Hexerei zu verurteilen. Katharina Henot bekam eine Statue am Kölner Rathaus. Außerdem sind eine Straße und eine Schule in Köln nach ihr benannt.

Friedrich Spee (1591–1635)

Friedrich Spee war Priester und betete oft mit den Männern und Frauen, die wegen Hexerei im Gefängnis saßen. Dabei wurde ihm klar, dass sie alle unschuldig waren. Spee schrieb 1631 ein Buch, in dem er den Hexenglauben kritisierte. Darin sagte er auch, die Folter sei ein Unrecht. Leider hat es danach noch über 20 Jahre gedauert, bis in Köln das Hinrichten der letzten »Hexen« ein Ende gefunden hatte.

Hexen-Zaubertränke gab es nur in der Phantasie der Menschen.

Die Franzosen gaben jeder Straße in Köln einen neuen Namen:
Aus der Zeughausgasse wurde die Rue de L'Arsenal.

Warum mussten die Kölner plötzlich alle Französisch lernen?

Die Französische Revolution von 1789 – 1799 schaffte die Herrschaft des Adels ab. Denn jetzt wollten die Bürger selbst regieren. Das hatte nicht nur Folgen für Frankreich, sondern für ganz Europa. Denn die Franzosen meinten, sie müssten jetzt auch andere Nationen befreien – mit Gewalt. Im Oktober 1794 besetzten sie das Rheinland. Die Kölner wollten keinen Krieg führen und ergaben sich kampflos. Sofort begannen die Franzosen damit, alles umzukrempeln: Die Kölner mussten jetzt ihre Straßen fegen, den Müll aus der Stadt bringen und die Stadt am Abend beleuchten. Außerdem führten die Franzosen Hausnummern und neue Straßennamen ein.

Im Jahr 1801 wurden die Kölner zu französischen Staatsbürgern erklärt und mussten Französisch lernen. Sie haben sich rasch an die neue Sprache gewöhnt und manche Wörter gefielen ihnen so gut, dass sie noch heute in Köln benutzt werden.

Die Franzosen brachten auch ihr eigenes Gesetzbuch mit nach Köln, den »Code Civil«. Denn bei ihnen war jeder Bürger vor dem Gesetz gleich, was in Köln bis dahin noch nicht selbstverständlich war. Protestanten bekamen jetzt auch die gleichen Rechte wie Katholiken, und Juden durften wieder nach Köln ziehen.

Lerne Französisch und Kölsch

FRANZÖSISCH	KÖLSCH	DEUTSCH
tête	Däts	Kopf
malaise	malad	erschöpft/krank
plaisir	Plaisir	Gefallen
trottoir	Trottoir	Bürgersteig
Jean	Schäng	Johannes/Hans
plumeau	Plümmo	Federbett

1794 stellten die Franzosen auf dem Neumarkt einen Freiheitsbaum auf.

Napoleon Bonaparte (1769–1821)

Die Kölner jubelten, als Napoleon Bonaparte 1804 mit seiner Gemahlin Josephine die Stadt besuchte. Unter Kanonendonner und Glockengeläut fuhr er vom Eigelsteintor zum Neumarkt. Bonaparte war in Korsika geboren, wurde Soldat und brachte es bis zum General. Obwohl er ein Anhänger der Revolution war, ließ er sich später zum Kaiser wählen. Nachdem er viele Länder erobert hatte, wurde er schließlich auf die Insel St. Helena verbannt. Seine Truppen mussten schon vorher aus Köln abziehen.

Kein Herz für Kirchen

Die französischen Revolutionäre wollten die Sonderstellung der Kirche abschaffen. Sie haben 120 Kirchen und Klöster in Köln zerstört oder neu genutzt, zum Beispiel als Pferdestall oder als Fabrikhalle.

Wie vertrugen die Kölner sich mit den Preußen?

Seit 1815 hatten die Kölner einen neuen Herren, den König von Preußen. Der regierte sein großes Land von Berlin aus, wo vieles anders war als in Köln: Die Preußen waren Protestanten, sie achteten auf strenge Ordnung und waren auch sehr genügsam. Die Kölner hingegen waren überwiegend Katholiken, hielten nicht viel von militärischer Zucht und wollten das Leben genießen. Erst mit der Zeit klappte das Zusammenleben von Kölnern und Preußen besser.

Die Preußen wollten Köln vor neuen Angriffen der Franzosen schützen und bauten einen doppelten Festungsring um die Stadt. Heute erinnert der »Militärring« daran und an einigen Stellen kann man die Reste der preußischen Forts noch sehen, z.B. im Volksgarten. Vor diesen Festungen durften die Kölner keine Häuser bauen, damit die Soldaten anrückende Feinde sehen konnten und ein freies Schussfeld hatten. Heute sind dort die Parks und Wiesen des Grüngürtels.

Fort X liegt inmitten eines Parks zwischen Neusser Wall und Innerer Kanalstraße.

Spitzenreiter Kölner Dom

Als der Dom 1880 – über 600 Jahre nach Baubeginn – vollendet wurde, war er mit einer Höhe von 157,38 Metern das höchste Gebäude der Welt. Heute ist er nach dem Fernsehturm immer noch das zweithöchste Gebäude von Köln. Er ist 144,85 Meter lang und 86,25 Meter breit. Jedes Jahr zieht der Dom 5–6 Millionen Besucher an, etwa 10 000 pro Tag.

So sah der Dom noch 1824 aus: Nur der Chor war fertig, Türme und Mittelschiff noch nicht.

Waren die Franzosen schnell vergessen?

Auch wenn die Franzosen fort waren – ihre Ideen von Freiheit, Gleichheit und Brüderlichkeit waren geblieben und breiteten sich in ganz Deutschland aus. Köln wurde zu einem Zentrum für den Kampf um mehr Gerechtigkeit. Dieser Kampf fand zuerst auf dem Papier statt, in Zeitungsartikeln und Flugblättern.

Mathilde Franziska Anneke (1817–1884)

Mathilde Franziska Anneke wurde in Sprockhövel geboren und lebte später in Köln. Sie gab zwei Zeitungen heraus, die bald verboten wurden. Denn Anneke forderte mehr Freiheit für das Volk. 1848 kämpfte sie für eine Revolution in Deutschland, musste jedoch in die USA fliehen. Dort gehörte sie zu den ersten, die gleiche Rechte für Frauen forderten. Am Kölner Rathaus gibt es heute eine Statue von ihr.

Die Kölner Innenstadt wurde im Zweiten Weltkrieg fast völlig zestört.

2000 Stunden Angst!

In Köln gab es im Zweiten Weltkrieg sehr viele Angriffe von Flugzeugen, die Bomben über der Stadt abwarfen. Die Menschen sind dann in Keller geflohen und haben gewartet, bis der Angriff vorbei war. Historiker haben ausgerechnet, dass die Kölner insgesamt fast 2 000 Stunden Alarmzustand ertragen mussten.

Was richteten die Kriege in Köln an?

Der Erste Weltkrieg dauerte von 1914 bis 1918 und war eine Katastrophe: Millionen Tote, verfeindete Völker. Im Zweiten Weltkrieg von 1939 bis 1945 starben sogar noch mehr Menschen. Angezettelt wurde dieser Krieg von den Nationalsozialisten, die seit 1933 in Deutschland regierten. Unter ihrer Führung haben die Deutschen nicht nur »Feinde« im Ausland, sondern auch die eigenen Mitbürger verfolgt, besonders Juden, Sinti und Roma.

Auch in Köln herrschten die Nazis. Sie lehnten alle Menschen ab, die anders aussahen, anders dachten und anders glaubten, als sie selbst. Ihre »Geheime Staatspolizei«, die Gestapo, verbreitete Angst und Schrecken, so dass kaum jemand sich traute, etwas gegen sie zu sagen. Doch es gab auch Widerstand gegen die Nazis: In Köln waren es ein paar junge Leute, die sich die »Edelweißpiraten« nannten und Flugblätter gegen die Nazis verteilten. Wer dabei erwischt wurde, musste mit Gefängnis und Tod rechnen.

Noch heute kann man im Keller des EL-DE Hauses die Gefängniszellen sehen, in denen die Nazis Menschen eingesperrt haben, die ihnen Widerstand leisteten. Im ersten Stock erzählt eine Ausstellung von der Nazizeit in Köln. Es ist ein düsterer Ort, aber es ist wichtig, dass wir diese Zeit nicht vergessen.

Kinder leiden im Krieg immer besonders. Sie haben viel Angst, hungern und frieren. Sie erleben schreckliche Dinge und werden die Erinnerung daran oft ein Leben lang nicht los.

Flüchtlinge aus dem Osten

Weil Deutschland den Zweiten Weltkrieg verloren hat, musste es seine Gebiete im Osten abgeben. Die Menschen, die dort gelebt hatten, zogen in den Westen. Das war eine schwierige Reise, denn sie mussten zu Fuß gehen und schwere Rucksäcke tragen oder Leiterwagen hinter sich herziehen. Nur wenige hatten ein Pferd, das einen Wagen ziehen konnte. Völlig erschöpft kamen die Flüchtlinge dann dort an, wo es ohnehin zu wenig Wohnungen und zu wenig zu essen gab. Auch in Köln fanden tausende Flüchtlinge ein neues Zuhause.

Die Flüchtlinge konnten fast nichts aus ihrer Heimat mitnehmen.

Wie bunt ist Köln heute?

Vor dem Zweiten Weltkrieg lebten 800 000 Menschen in Köln, am Ende des Krieges nur noch 40 000. Viele Menschen sind im Krieg gestorben und die meisten Häuser waren nach den Bombenangriffen zerstört. Es waren vor allem die Frauen, die nun die Trümmer forträumen mussten, denn die Männer waren ja oft aus dem Krieg nicht zurückgekehrt. Aber bald wurde Köln wieder zu einer lebendigen Stadt und erlebte wie ganz Deutschland in den 1950er Jahren sogar ein »Wirtschaftswunder«. Es gab so viele neue Fabriken, dass man »Gastarbeiter« aus Italien, Spanien, Griechenland und der Türkei nach Deutschland und auch nach Köln eingeladen hat. Die meisten von ihnen blieben hier.

Heute leben über eine Million Menschen in der Stadt: Etwa jeder sechste von ihnen ist ein Ausländer und hat eine andere Staatsbürgerschaft. Die meisten von ihnen kommen aus diesen Ländern: Türkei, Italien, Polen, Serbien, Griechenland, Russland, Bulgarien, Irak, Ukraine, Iran. In den letzten Jahren sind etwa 10.000 Flüchtlinge nach Köln gekommen, fast die Hälfte davon sind Kinder. In ihren Heimatländern, Syrien, Eritrea oder Somalia herrscht Krieg oder es gibt dort nicht genug zu essen. Hier sind sie in Sicherheit, aber sie haben trotzdem viele Probleme: Sie mussten fast alles, was sie besaßen, zurücklassen und sie können oft kein Deutsch.

Nach dem Krieg räumten die »Trümmerfrauen« den Schutt weg, denn viele Männer waren tot oder in Gefangenschaft.

Wer ist ein Ausländer?

Jeder Mensch ist ein Ausländer. Und zwar immer dann, wenn er sich in einem Land aufhält, das nicht sein Heimatland ist. Oft macht es Spaß, ein Ausländer zu sein, zum Beispiel wenn man in den Ferien von Köln nach Italien oder Spanien fährt.

Die Kinder der GGS Nibelungen-straße in Köln-Mauenheim haben aufgeschrieben, was sie an Köln besonders gern mögen.

Ich mag Köln, weil ich hir Freunde und Familie habe.
Maja, 9 Jahre

Ich mag Köln, weil Köln einen guten Fußball verein hat.
Felix, 9 Jahre

Ich mag Köln, weil die Fremden leube gut aufgenommen werden.
Luigi, 9 Jahre

Ich mag Köln, weil hier viel gefeiert wird.
Dominik, 10 Jahre

Ich mag Köln, weil ich kölsch lustig finde.
Amadou, 9 Jahre

Ich mag Köln, weil viele leckere Sachen zum essen gibt.
Georg, 10 Jahre alt

Wer hat einen Migrationshintergrund?

Migration bedeutet: Wanderung. Wenn jemand Deutscher ist, seine Eltern oder Großeltern aber aus einem anderen Land hierher eingewandert sind, hat er einen Migrationshinter-grund. Diese Menschen sprechen oft mehrere Sprachen und kennen sich in zwei Kulturen aus. Deutsche sind sie trotzdem.

Welches Essen kam in Köln auf den Tisch?

Warum brauchen die Römer kein Maggi?

Anders als die Ubier, die sich von einfachen Gerichten aus Erbsen, Bohnen, Linsen, Getreidebrei und Fleisch ernährten, legten die Römer Wert auf eine gepflegte Küche. Sie brachten nicht nur ihre Rezepte mit nach Köln, sondern auch Gewürze und Kräuter, wie Dill, Koriander und Thymian. Obst und

Die Römer benutzten Amphoren zum Aufbewahren von flüssigen Vorräten.

Gemüse lieferten ihnen die Gutshöfe außerhalb der Stadt. In Müngersdorf sind Reste einer solchen »Villa Rustica« ausgegraben worden. Dort bauten die Römer auch Kirschen und Zwetschgen an, die man bis dahin in Köln noch nicht kannte. Olivenöl, Feigen und Kichererbsen ließen die Römer aus ihren spanischen oder französischen Gebieten nach Köln bringen. Zur Römerzeit gab es zwar noch kein Maggi, aber etwas ähnliches, das »Garum«. Es wurde in Spanien hergestellt und bestand aus Fischresten, gekochten Eiern, Salz und Gewürzen. Diese Mischung bedeckte man mit Wasser und ließ sie zwei Wochen lang in der heißen Sonne stehen. Danach strich man die gegorene Paste durch ein Sieb und füllte die Flüssigkeit in kleine Amphoren – so etwas wie Fläschchen – ab. Sie wurden verkorkt und ins ganze Römische Reich verschickt, auch nach Köln.

Welche Tischsitten hatten die Römer?

Die Römer aßen alles mit den Fingern, außer Suppe. Alles andere wurde in Häppchen serviert, die man in Dips eintunkte. Angebissene Stücke wurden nicht noch einmal eingetunkt. Wenn die Römer Gäste hatten, aßen sie im Liegen im »Triclinium«. Jeder Gast brachte seine eigene Serviette mit. Darin durfte man die Reste mit nach Hause nehmen. Vergaß der Gast seine Serviette, war das peinlich, denn das sah so aus, als hielte er den Gastgeber für geizig.

Bereite gefüllte Datteln zu!

Mitmachkasten!

DU BRAUCHST:

23 Datteln ohne Kerne, 100 Gramm gehackte Mandeln, 100 Gramm gehackte Nüsse, 100 Gramm Honig, frisch gemahlener Pfeffer

SO GEHT ES:

1. Die Datteln mit einem kleinen Küchenmesser der Länge nach aufschneiden.
2. Den Honig in einem Topf erwärmen, Nüsse und Mandeln hineinrühren und mit Pfeffer würzen. Die Mischung mit einem kleinen Löffel in die aufgeschnittenen Datteln füllen.

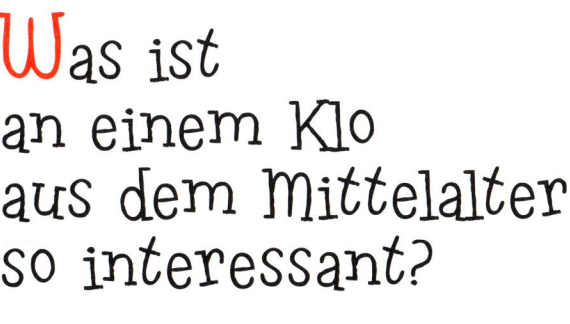

Was ist an einem Klo aus dem Mittelalter so interessant?

Forscher, die nach Spuren aus früheren Zeiten suchen, nennt man Archäologen. Sie graben in der Erde, um Mauern, Knochen oder Scherben zu finden. Auch in Köln tauchen immer wieder Reste aus der Römerzeit oder dem Mittelalter auf. Wenn die Archäologen auf ein Klo aus dem Mittelalter stoßen, freuen sie sich, denn dort finden sie besonders viele Informationen über unsere Vorfahren.

Die Menschen im Mittelalter hatten keine privaten Toiletten in ihren Häusern. Wenn sie mal mussten, dann gingen sie zu den Gruben, die zwischen den Häusern waren. So eine Latrinen-Grube war etwa fünf Meter tief und ein bis zwei Meter breit. Wenn sie fast voll war, wurde sie mit Erde zugedeckt und eine neue gegraben. Es gab auch öffentliche Aborthäuser mit mehreren Plumpsklos nebeneinander, die lagen am Rande der Stadt.

Der Inhalt von Latrinen ist natürlich im Laufe der Jahrhunderte zu Erde verrottet, so wie auf einem Komposthaufen. Die Archäologen können diese Erde aber untersuchen und erkennen, was die Menschen damals gegessen haben. In den Latrinen am Kölner Heumarkt fand man Reste von Möhren, Mohn, Dill, Koriander, Bohnenkraut, Birnen, Erdbeeren, Schlehen, Brombeeren und Himbeeren. Dazwischen lagen ganze Schichten von Kirschkernen. Das bedeutet, dass dort jemand Kirschsaft oder Kirschmus gekocht hat.

!

Pech gehabt!

Manchmal finden die Archäologen Geld oder Schmuckstücke, die aus Versehen in eine Latrine gefallen sind. Eine Stiftsdame von Sankt Cäcilien am Neumarkt hat sich um das Jahr 900 sicherlich sehr geärgert: Sie hat eine schöne Brosche in der Klosterlatrine verloren.

Dieses Schmuckstück
fiel einer Nonne ins Klo.

chon in der Römerzeit träumten die Menschen vom »Schlaraffenland«, in dem es genug zu essen ebe und man den ganzen Tag faulenzen dürfe. Dieses Gemälde wurde im 16. Jahrhundert gemalt nd stammt von Pieter Brueghel dem Älteren. Das Gemälde kann man in München besichtigen.

Wie groß waren die »Hohen Herren«?

Die meisten Kölner des Mittelalters aßen jeden Tag Getreidebrei, Brot und einfaches Gemüse. Obst gab es nur im Sommer und Fleisch her selten. Nur Adlige oder wohlhabende Kaufleute konnten sich regelmäßig Fleisch, Eier und Milch leisten. Deshalb waren die »Hohen Herren« wie man sie nannte, auch tatsächlich größer als die armen Schlucker. Wer aber das Glück hatte, zu einem besonderen Festmahl eingeladen zu sein, der hat sich den Bauch mächtig vollgeschlagen – und oft war ihm danach etwas schlecht...

Die Kölner aßen im Mittelalter mit den Fingern, Gabeln kamen erst später in Mode. Aber ein Messer zum Schneiden von Brot oder Fleisch hatte jeder am Gürtel hängen, Männer und Frauen. Auch Löffel gab es schon, denn bevor es Backhäuser und Brot gab, aßen die Menschen Getreidebrei.

Auch Basketballer Dirk Nowitzki ist gegen Kinderarbeit bei der Schokoladenherstellung.

Wie süß ist Köln?

Die Kölnerinnen und Kölner lieben Süßigkeiten. Wie praktisch, dass ausgerechnet hier jedes Jahr die größte Süßwarenmesse der Welt stattfindet. 1 500 Firmen kommen dafür extra nach Köln und stellen ihre Süßigkeiten vor. Es gibt auch eine riesige Zahl von Bäckereien und Konditoreien in der Stadt, die phantastische Kuchen und Torten backen. Hast du auch ein schönes Cafe in deiner Nähe?

Die meisten Kakaobohnen für unsere Schokolade wachsen an der Elfenbeinküste. Das ist ein sehr armes Land in Afrika, in dem auch die Kinder arbeiten. Statt zur Schule zu gehen, schleppen sie schwere Säcke und Schokolade essen sie selbst nie. Gegen solche schlimmen Zustände gibt es immer mehr Protest, auch von Kindern.

Die Schüler-Gruppe »Schokofair« setzt sich für fair produzierte Schokolade ein. Das ist Schokolade, die zu fairen Löhnen hergestellt wurde und für die keine Kinder arbeiten mussten.

Dr. Hans Imhoff (1922–2007)

Hans Imhoff wurde 1922 als Sohn eines Schlossermeisters in der Kölner Fleischmengergasse geboren. Schon als Kind liebte er den Duft warmer Schokolade aus der nahen Stollwerck-Fabrik. Dass er diese Firma einmal selber leiten würde, konnte er damals natürlich noch nicht wissen. Er machte sie zu einem sehr erfolgreichen Unternehmen. 1993 erfüllte Hans Imhoff sich einen Traum: Er baute in Köln das Schokoladenmuseum.

Ausflugstipp
und um die Schokolade!

SCHOKOLADENMUSEUM KÖLN

Das Schokoladenmuseum in Köln liegt nur
10–15 Minuten vom Hauptbahnhof entfernt
und sieht aus wie ein riesiges Schiff aus Glas
und Metall, das am Rheinauhafen vor Anker
gegangen ist. Im Museum kannst du die Geschichte der Schokolade kennenlernen, aber
auch dabei zuschauen, wie Pralinen, Weih-
nachtsmänner oder Osterhasen entstehen.
Und am Schokoladenbrunnen darfst du die
Schokolade sogar probieren.

IMHOFF SCHOKOLADENMUSEUM
AM SCHOKOLADENMUSEUM 1A
50678 KÖLN

Diese Schokoladen-Fußbälle sind innen hohl und müssen beim Trocknen gedreht werden.

Sehr süß: Der Schokoladenbrunnen

Koche Stieve Ries
met Kaneel un Zucker!

Mitmachkasten!

DU BRAUCHST:

1 Liter Milch, 200 Gramm Milchreis,
2 Teelöffel Zucker, 1 Prise Salz,
zum Bestreuen: 3 Esslöffel Zucker mit
1 Esslöffel gemahlenen Zimt mischen

SO GEHT ES:

Milchreis, Zucker, Salz und Milch in einem
Topf aufkochen, dann unter Rühren auf kleiner Flamme quellen lassen, bis die Flüssigkeit
komplett vom Reis aufgenommen wurde.
Mit Zimt-Zucker-Mischung bestreuen. Dazu
schmeckt Kirsch- oder Pflaumenkompott.

Hier helfen dir deine Eltern!

Milchreis mit Zimt und Zucker ist ein traditionelles Kölner Gericht und schnell gemacht.

Warum gibt es in Köln halbe Hähne?

Aufgepasst bei der Bestellung! Vor vielen Jahren saß ein Mann in einem Kölner Gasthaus und wollte etwas essen. Weil sein Hunger nicht sehr groß war, bestellte er ein halbes Roggenbrötchen mit Käse. Als der Kellner ihm dann aber ein ganzes Roggenbrötchen brachte, sagte der Gast: »Ävver ich will doch bloß ne halve han«. (Auf Hochdeutsch: Ich will doch nur ein halbes haben.) Und schon war ein neues Kölsches Gericht entstanden der »Halve Hahn«, ein Käsebrötchen, garniert mit einer Gurkenscheibe und einer Salzstange. Tausende von Touristen haben schon enttäuscht auf ihren Teller gestarrt, weil sie dachten, mit dem »Halven Hahn« hätten sie ein halbes Brathähnchen bestellt. Heute ist auf den Speisekarten meistens erklärt was sich hinter dem »Halven Hahn« verbirgt.

Kein Hähnchen, sondern ein Röggelchen mit Käse: Der Halbe Hahn

Himmel un Äd: echt himmlisch!

Reibekuchen kann man mit Apfelkompott oder auch mit Lachs essen.

Was essen die Kölner sonst noch gerne?

Eines der leckersten Kölner Gerichte hat auch den schönsten Namen: »Himmel un Äd«, Himmel und Erde. Apfel- und Kartoffelstückchen werden zusammen zu Mus gekocht. Darüber werden gebratene Stücke »Flönz« (so nennt man die Blutwurst in Köln) gegeben und danach mit gedünsteten Zwiebelringen garniert. Natürlich schmeckt »Himmel un Äd« auch mit Lammwürstchen oder auch ganz ohne Fleisch.

Glücklicherweise sind »Elefantennömmes« nicht die Nasen- bzw. Rüselpopel von Elefanten, auch wenn sie so heißen. In Köln sind »Elefantennömmes« nämlich Frikadellen oder auch »Frikadellcher«. Sie werden ganz verschieden gewürzt, mit Petersilie, Kohlrabi, Möhren oder Sesam.

Die Kölner lieben auch Rievkooche, Reibekuchen. Und sie behaupten, sie hätten das Fingerfood erfunden. Denn vor vielen Jahren haben die Hausfrauen aus der Schemmergasse beim Kleinen Griechenmarkt ihre köstlichen Reibekuchen aus dem Küchenfenster heraus an die Leute auf der Straße verkauft. Die Schemmergasse hieß damals sogar »Rievkocheallee«.

Zu all diesen leckeren Gerichten passt das Getränk »Lömmelömche«. Das ist schnell gemacht: Einen Krug mit Mineralwasser füllen, dazu den Saft von 1–2 Zitronen pressen, nach Belieben etwas Zucker: fertig!

Wie schläft man ein, wenn man hungrig ist?

Not macht erfinderisch: Das Kölner Brot wurde mit Mais und Reis gebacken.

Mit Not kennen die Kölner sich aus, denn es gab immer wieder Zeiten in ihrer langen Geschichte, in denen es nicht genug zu essen gab. Nach den Weltkriegen war es besonders schlimm. Viele Häuser waren zerstört und es gab weder Strom noch Gas zum Kochen. Und Lebensmittel konnte man auch nicht mehr kaufen. Stattdessen bekamen die Menschen Lebensmittelkarten, mit denen sie sich kleine Portionen Brot, Zucker und Butter abholen konnten.

Die Menschen in der Nachkriegszeit gingen auch »hamstern«. Sie versuchten, soviel Essbares wie möglich zu sammeln. Von Köln aus wanderten sie aufs Land und suchten dort z.B. die abgeernteten Felder ab: Vielleicht hatten die Bauern ja die eine oder andere Kartoffel übersehen? Andere versuchten, ihre wenigen Besitztümer zu tauschen: Einen warmen Mantel für einen Sack Mehl, ein Radio für zwölf Eier.

Konrad Adenauer, der spätere Oberbürgermeister von Köln, der noch viel später deutscher Bundeskanzler wurde, erfand während des Ersten Weltkriegs das Kölner Brot. Weil es nicht genug Weizen gab, wurden Reis und Maismehl darin verbacken. Die Bäckerei Balkhausen in der Apostelstraße verkauft heute ein Brot das nach einem ähnlichen Rezept gebacken ist.

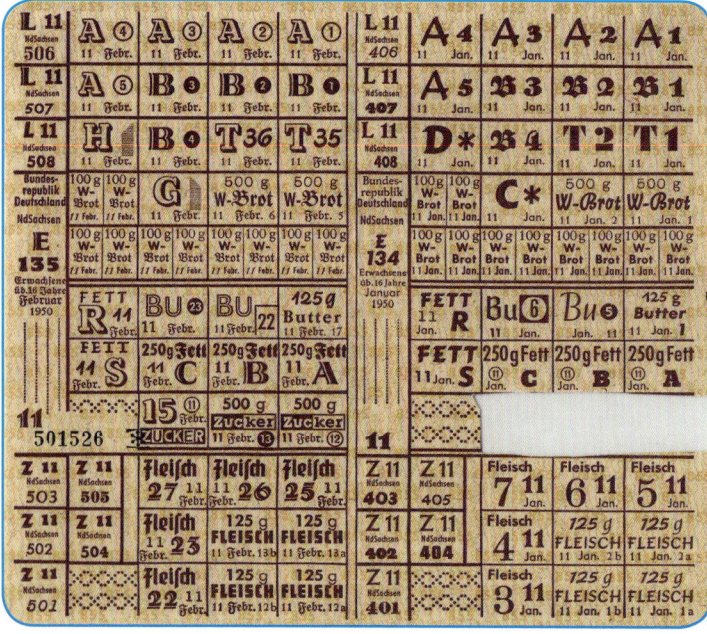

Ohne Lebensmittelkarte konnte man nichts zu essen kaufen.

Für Kinder ist Hunger besonders schlimm und auch gefährlich.

Wie haben die Kinder den Hunger erlebt?

1945 bekamen die Kinder für einen Tag Schutt-Wegräumen einen Teller Erbsenmehlsuppe. Auch in der Schule gab es für jedes Kind Suppe. Löffel und Schüssel mussten sie aber selbst mitbringen. Kinder, die in Notzeiten aufgewachsen sind, vergessen niemals das nagende Hungergefühl. Deshalb können sie als Erwachsene auch keine Essensreste wegwerfen und verstehen oft nicht, warum Kinder heute vieles nicht essen möchten.

Was bedeutet »Fringsen«?

Als die Not in Köln besonders groß war, im Hungerwinter 1946, sagte der Kölner Kardinal Josef Frings in einer Predigt einen Satz, der bis heute berühmt ist: In Notzeiten dürfe man sich das nehmen, was man durch Bitten oder durch Arbeit nicht bekäme. Aber nur dann, wenn man sonst nicht am Leben oder gesund bleiben könne. Daraufhin haben die Kölner mit gutem Gewissen Kohlen aus Güterzügen gefischt. Sie nannten das aber nicht »klauen«, sondern »fringsen«.

Wie man in Köln heute um die Welt reist

Menschen aus vielen Nationen leben in Köln. Und sie alle haben Rezepte aus ihrer Heimat mitgebracht. Auf diese Weise kann man in Köln um die ganze Welt reisen, wenn man essen geht. Hier siehst du 11 leckere Gerichte. Erkennst du sie? Sonst darfst du auf Seite 122 nachschauen.

Wie modisch war Köln?

Die Römer in Köln trugen eine Tunika und darüber die Toga.

Was musste der Vestiplicus wissen?

Römische Kinder, Frauen und Männer trugen im Alltag die »Tunika«, ein ärmelloses Hemd aus ungefärbter Wolle, das Ähnlichkeit mit einem langen Nachthemd hat. Gut Betuchte – daher kommt ja auch das Wort, ließen sich die Tunika aus einem feineren Stoff nähen und am Rand besticken. Mit einem Gürtel oder einer Schnur wurde die Tunika in der Taille gerafft. Männer, die das römische Bürgerrecht besaßen, trugen über der Tunika die »Toga«, wenn sie ihr Haus verließen. Zwar war die Toga eigentlich nur ein einfaches, weißes Stofftuch, aber wenn man sie auf dem Boden ausbreitete, war sie fast so groß wie ein Kinderzimmer. Deshalb musste sie sehr kompliziert um den Körper gewickelt werden, damit sie elegant aussah und man sich trotzdem noch gut damit bewegen konnte. Vornehme Römer beschäftigten daher einen Kleiderfalter, den Vestiplicus, der ihnen die Toga anlegte.

Ausflugstipp zu den alten Römern!

RÖMISCH-GERMANISCHES MUSEUM KÖLN

Wer seinen Kindergeburtstag im Römisch-Germanischen Museum feiern möchte, kann dort viel erleben. Dort könnt ihr euch genau so anziehen, wie die Römer mit Tunika, Toga oder Palla. Wer lieber römische Spiele kennenlernen will oder ein eigenes Mosaik legen möchte, kann auch das machen. Diese Angebote gelten jedoch nur für Gruppen: www.museenkoeln.de/roemisch-germanisches-museum

RÖMISCH-GERMANISCHES MUSEUM
RONCALLIPLATZ 4
50667 KÖLN

Bastel dir einen römischen Glücksbringer!

Fast alle römischen Babys bekamen zur Geburt einen Glücksbringer, die Jungen eine Bulla, die Mädchen eine Lunula.

DU BRAUCHST:

Einen kleinen Schatz (eine Münze, eine Muschel, eine Perle oder einen kleinen Stein), FIMO, ein Lederband

SO GEHT ES:

Für die Bulla formst du eine Kugel und drückst sie platt. Dann legst du den Schatz darauf, wickelst ihn ein, formst daraus eine Kugel oder einen eiförmigen Anhänger. Vergiss nicht, oben eine Schlaufe zu formen.
Für die Lunula rollst du eine Wurst, biegst sie zu einem Halbmond und formst ebenfalls oben eine Schlaufe. Du kannst die Lunula mit Perlen verzieren.Bulla und Lunula nach Packungs-Anleitung im Backofen fest werden lassen. Zum Schluss ziehst du ein Lederband durch die Schlaufe.

Was trugen die römischen Frauen?

Frauen trugen über der Tunika eine »Stola«, die sie auch über den Kopf ziehen konnten.
Die Stola gab es in vielen Farben und mit schönen Stickereien. Darunter trugen die Römerinnen Unterwäsche, die aussah wie ein Bikini. Die Römer in Köln trugen meistens ein »Pallium« über der Tunika – bei den Frauen hieß es »Palla«, eine Art langes Cape, das man einfach über die Schultern werfen konnte.

Römische Frau mit Palla.

Wie kleidete sich Prinzessin Theophanu?

Für eine Prinzessin, die in südlicher Wärme und Luxus aufgewachsen ist, war es nicht leicht, sich in den ungemütlichen Burgen der fränkischen Könige zurecht zu finden.

Theophanu fand das Leben nördlich der Alpen ganz schön anstrengend. Immerhin war das Klima im Rheinland angenehm, daher kam Theophanu auch gerne nach Köln. Die Stoffe für ihre Garderobe musste sie sich jedoch aus der Heimat Byzanz schicken lassen, dem heutigen Istanbul. Denn Theophanu war daran gewöhnt, immer nur Seide zu tragen. Da sie die reichste Frau ihrer Zeit war, musste sie aber nicht sparen und konnte sich die schönsten Kleider anfertigen lassen. Theophanu ließ sich ihre Kleider enger nähen als es damals üblich war. Auch ließ sie das Oberkleid kürzen, damit man das Unterkleid darunter hervorlugen sah, was sie schöner fand. Und sie trug gerne weite Ärmel, die manchmal fast bis zu den Füßen reichten. Theophanu besaß emaillierten Goldschmuck aus ihrer Heimat. Auch den brachte sie in Mode.

Theophanus Kleiderstil kennen wir von Bildern und Skulpturen aus ihrer Zeit.

Schätze einer Kölner Fürstin

Im Jahr 1959 entdeckte man durch Zufall im Boden des Kölner Doms das Grab einer Fürstin, vielleicht sogar einer Königin. Sie lebte ungefähr bis 535 nach Christus und war mit 28 Jahren gestorben. Ihre Familie hatte ihr viele wertvolle Geschenke mit ins Grab gelegt: weiche Pantoffeln, eine Wolldecke, Gläser und ein Ziegentrinkhorn. Lange Zeit glaubten die Menschen, die Toten würden solche Dinge im Jenseits brauchen. Besonders schön war der Schmuck, den die junge Adlige trug: Ketten, Ringe, Armreifen und Ohrringe waren aus Gold oder aus vergoldetem Silber und mit Edelsteinen verziert. Die Dame trug auch einen Schleier mit goldener Borte und einen Stirnreif mit einem Edelstein in der Mitte. Ihr Umhang wurde von kostbaren Broschen zusammengehalten, die man im Mittelalter Fibeln nannte.

Diese Schmuckstücke bekam die junge Adlige, die um 535 in Köln gestorben ist, mit ins Grab.

Kaiserin Theophanu (ca. 960–991)

Theophanu wurde als byzantinische Prinzessin geboren und schon als junges Mädchen mit dem sächsischen König Otto II. verheiratet, an dessen Seite sie Kaiserin wurde. Zeitgenossen beschrieben sie als hübsch, gebildet und freundlich. Nach dem frühen Tod ihres Ehemannes regierte sie zehn Jahre lang das Reich für ihren Sohn Otto III. Kaiserin Theophanu starb am 15. Juni 991 in ihrer Pfalz in Nimwegen. Auf ihren eigenen Wunsch wurde sie in St. Pantaleon in Köln beigesetzt.

Warum durften die Menschen im Mittelalter sich nicht kleiden, wie sie wollten?

Ritterturniere waren sehr beliebt bei den Zuschauern.

Das Mittelalter war eine Zeit mit vielen Regeln. Das betraf auch die Kleidung der Menschen, die »Gewandung«. Jeder durfte nur das tragen, was sein »Stand« erlaubte: Gehörte man zum Adel, waren die Kleider farbig und reich verziert. Arme Leute hingegen mussten sich mit ungefärbtem Leinen oder Wolle begnügen. Wer schwer arbeitete wie Bauern, Knechte oder Mägde, brauchte bequeme Kleidung. Die Männer trugen Hemd, Hose und darüber einen Kittel mit einem Gürtel in der Taille. Frauen hatten meistens zwei Kleider übereinander an: Das untere reichte bis zu den Füßen und hatte lange Ärmel. Darüber wurde ein kürzeres Kleid mit kurzen Ärmeln getragen. Verheiratete Frauen bedeckten ihre Haare mit einer Haube.

Die Schuhe wurden im Mittelalter aus weichem Holz geschnitzt oder aus grobem Leder gefertigt und mit Riemen geschlossen. Wer es sich leisten konnte, ließ sich weiche Schnabelschuhe anfertigen. Weil die Straßen in der mittelalterlichen Stadt immer voller Dreck waren, schnallten sich die Leute hölzerne Unterschuhe unter ihre richtigen Schuhe. Sie nannten sie »Trippen«.

Wie kämpfte man in einer schweren Ritterrüstung?

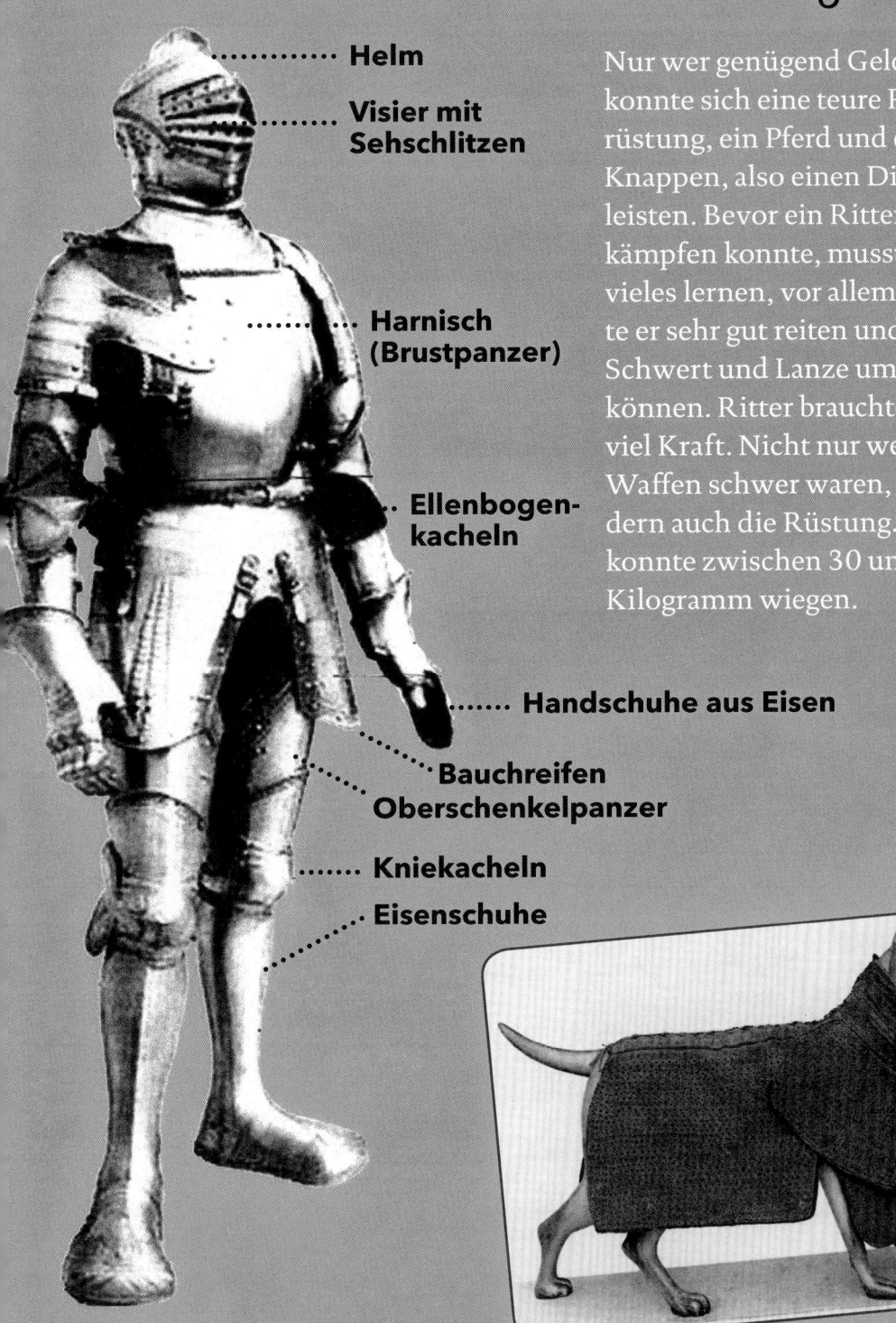

Helm

Visier mit Sehschlitzen

Harnisch (Brustpanzer)

Ellenbogen-kacheln

Handschuhe aus Eisen

Bauchreifen
Oberschenkelpanzer

Kniekacheln

Eisenschuhe

Ritterrüstung um 1500

Nur wer genügend Geld hatte, konnte sich eine teure Ritterrüstung, ein Pferd und einen Knappen, also einen Diener leisten. Bevor ein Ritter kämpfen konnte, musste er vieles lernen, vor allem musste er sehr gut reiten und mit Schwert und Lanze umgehen können. Ritter brauchten viel Kraft. Nicht nur weil ihre Waffen schwer waren, sondern auch die Rüstung. Die konnte zwischen 30 und 60 Kilogramm wiegen.

Manche Hunde bekamen ein eigenes Kettenhemd.

Wer schön sein will ...
muss viel Zeit haben?

Um das Jahr 1750 war auch in Köln die herrschende Mode das Rokoko. Dieser Stil kam aus Frankreich und war sehr aufwendig. Manche Dame und mancher Herr brauchten Stunden, bis sie ausgehfertig waren.

Clemens August von Wittelsbach, der damalige Erzbischof von Köln ließ sich mit Schloss Augustusburg bei Brühl das perfekte Rokoko-Schloss bauen. Hier feierte er prachtvolle Feste mit edel gekleideten Gästen.

Prunktreppe in Schloss Augustusburg

»Man geht sehr aufrecht«

Interview mit Petra Cofflet, Schnei-
dermeisterin und Gewandmeisterin.
Sie näht Rokoko-Kleider für Theateraufführungen oder Kostümbälle.

Seit wann interessieren Sie sich für die Kleider aus dem Rokoko?

Ich war schon als kleines Mädchen von den
Kleidern aus Märchen und alten Geschichten
fasziniert. Schöne Stoffe, Samt und Seide,
wollte ich immer anfassen.

Was musste die Rokoko-Dame alles anziehen?

Eine Unterhose trug sie nicht, aber ein Un-
terhemd, Strümpfe und einen Unterrock.
Darüber die »Poschen«, eine Art Reifrock, mit
denen die Hüften breiter wirkten und eine
Schnürbrust, also ein Korsett. Es folgte ein
Überrock und erst dann kam das Kleid, das
wie ein offener Mantel angezogen wurde. Die
freie Stelle vorne wurde vom »Stecker« ver-
deckt. Und zuletzt: Auf den sorgfältig frisier-
ten Kopf kam ein Häubchen oder ein Hut,
geschmückt mit Blumen oder Bändern.

Wie bewegt man sich in so einem Kleid?

Man geht sehr aufrecht und rennt nicht herum. Es macht großen Spaß, aber man muss es
üben. Denn selbst in großen Schlössern wird
es manchmal eng, wenn man mit dem Kleid
durch eine Tür gehen will. Dann muss man
die Röcke raffen.

*Petra Cofflet
in einem Rokoko-Kleid*

Wie kann man gut riechen, ohne sich zu waschen?

Johann Maria Farina erfand im 18. Jahrhundert das Eau de Cologne.

Im 18. Jahrhundert haben sich die Menschen nicht sehr oft gewaschen. Stattdessen haben sie sich mit Duftwasser besprüht, um gut zu riechen.

Eines der berühmtesten Parfums der Welt stammt aus Köln. Es wurde von dem Italiener Johann Maria Farina gemixt. Der kam 1706 zum ersten Mal nach Köln und ließ sich hier bald nieder. Mit 23 Jahren schuf er ein Parfum, das ihn unsterblich machen sollte: »Eau de Cologne«, übersetzt heißt das: »Wasser aus Köln«. Was genau darin enthalten war, hat Farina nie verraten, aber einige Zutaten sind bekannt: Bergamotte, Orangen und die Blüten der Pampelmuse, Rosmarin, Wasser und Alkohol. Aber wie genau riecht dieses Parfum eigentlich? Das ist schwer zu beschreiben, Farina selbst hat es so versucht: »Mein Duft erinnert mich an einen italienischen Frühlingsmorgen nach dem Regen.« Die Kölnerinnen und Kölner waren gleich begeistert vom »Eau de Cologne« und haben es auch benutzt, um den Gestank in den engen Gassen zu ertragen.

Die Bergamotte gehört zu den Zitruspflanzen und wird in Süditalien angebaut.

Ausflugstipp in die Welt des Parfums

DUFTMUSEUM IM FARINA-HAUS KÖLN

Noch heute befindet sich das Geschäftshaus Farina dort, wo vor 300 Jahren alles begonnen hat, an der Ecke Obenmarspforten / Unter Goldschmied. Im Keller gibt es ein Duftmuseum und bei einer Führung lernst du, wie ein Parfum entsteht und welche Geräte und Zutaten dafür nötig sind. Du darfst auch an den Zutaten schnuppern und raten, was sich in den kleinen Gefäßen befindet.

DUFTMUSEUM IM FARINA-HAUS
OBENMARSPFORTEN 21
0667 KÖLN

Die alten Parfumflacons kann man im Duftmuseum besichtigen.

Sie träufelten es auf ein Taschentuch und hielten sich das unter die Nase, wenn sie das Haus verließen. Farina verkaufte seinen Duft bald in Fürstenhöfe in der ganzen Welt, bis nach Persien. Auch Kaiserin Sissi und der französische Kaiser Napoleon benutzten das Parfum aus dem Hause Farina. Man kann es sogar heute noch kaufen. »Eau de Cologne« wurde außerdem zu einem wichtigen Fachbegriff in der Parfumwelt. Heute gibt es nämlich von jedem Duft verschiedene Konzentrationen: Parfum, Eau de Parfum oder das leichte Eau de Cologne.

In solchen Flacons wurde das erste Eau de Cologne verkauft.

Wer ist die Schönste im ganzen Land?

Abendkleid von 1883. So ging vielleicht deine UrUr-Großmutter zum Ball.

Seit der Römerzeit haben die Kölnerinnen und Kölner Spaß an Mode. Das kann man an den vielen Modegeschäften in der Stadt erkennen. Neben den großen Kaufhäusern in der Innenstadt haben sich aber auch sehr viele »Modedesigner« in Köln nie-dergelassen. Das sind Leute, die Kleidung entwerfen, in ihrem Atelier nähen und im angrenzenden Laden verkaufen. Solche Einzelstücke sind natürlich teurer als das, was die großen Kaufhausketten anbieten. Dafür sind sie etwas Besonderes.

Wer bestimmt eigentlich, was Mode ist?

Abendkleid der Kölner Modedesignerin Henrike Preiß.

Mode entsteht an vielen Orten auf der ganzen Welt. Irgendwer hat eine witzige Idee. Ein anderer entdeckt eine Farbe wieder neu. Oder einen bestimmten Stoff. Solche Mode-Ideen, auch »Trends« genannt, werden dann von der Kleidungsindustrie übernommen. Damit die Firmen wissen, wie die neuen Kleider und Hosen aussehen müssen, die sie nähen lassen, schicken sie »Trendscouts« los. Das sind Leute, die eine gute Spürnase für neue Modetrends haben.

In Köln gibt es seit 1927 das Deutsche Mode Institut. Es informiert unter anderem Textilfirmen über die neuen Farben und Schnitte. Denn, wenn ein Modehaus 200 weinrote Pullover herstellt, dann aber alle Leute nur türkisfarbene Pullover kaufen wollen, wäre das für das Geschäft ziemlich ärgerlich.

Bedrucke ein T-Shirt!

DU BRAUCHST:

1 weißes, vorgewaschenes T-Shirt,
Abtönfarbe aus dem Baumarkt, Kartoffeln, schwarzer Filzstift, 1 stumpfes
Messer, leere Marmeladengläser

SO GEHT ES:

1. Decke deinen Arbeitsplatz gut mit
einer alten Zeitung ab. Schneide die
Kartoffel in zwei Hälften, male ein
Motiv auf die Schnittstelle und schneide den Rest mit dem Messer weg,
so dass nur noch das Motiv als Stempel übrig bleibt.Achtung: Zahlen und
Buchstaben musst du in Spiegelschrift
schneiden!

2. Fülle etwas Farbe in ein altes Marmeladenglas. Tunke den Kartoffelstempel vorsichtig in die Farbe und
probiere ihn zunächst auf der Zeitung
aus. Dabei geht auch die überflüssige
Farbe ab. Jetzt kannst du das T-Shirt
bedrucken.

3. Das T-Shirt trocknen lassen und
dann von links bügeln. Nun ist die
Farbe fixiert und das T-Shirt kann bei
40 Grad gewaschen werden.

Wie wohnten die Kölner?

Warum mussten die römischen Kinder ihre Zimmer nicht aufräumen?

Streit um Unordnung im Kinderzimmer? Den gab es bei den Römern nicht, denn sie hatten gar nichts aufzuräumen. Die Römer besaßen nur wenige Möbel, wenige Kleidungsstücke und ihre Kinder hatten auch nicht viele Spielsachen. Eigentlich gab es nicht mal Kinderzimmer. Die meisten römischen Kinder schliefen dort, wo auch die Eltern schliefen. Sie spielten draußen oder dort, wo die Erwachsenen waren. Reiche Römer wohnten in einer Villa. Die hatte oft einen schönen Innenhof, in dem ein Springbrunnen plätscherte. Das Römisch-Germanische Museum in Köln ist über den Grundmauern einer solchen Villa erbaut worden. Bauarbeiter hatten sie 1941 entdeckt. Die einfachen Römer in Köln wohnten in Mietshäusern, die bis zu sieben Stockwerke hatten. Im Erdgeschoss dieser »Insulae«, wie man die Mietshäuser nannte, waren Geschäfte, darüber lagen die besonders schönen und großen Wohnungen, manche hatten sogar einen Balkon. In den oberen Etagen waren kleine und billige Wohnungen.

Die Römer mochten Haustiere und viele hatten einen Hund. Wenn er bissig war, haben sie ein Schild an die Tür gehängt, auf dem stand »Cave Canem« Das hieß: Hüte dich vor dem Hund!

Die lange Leitung von Köln

Im römischen Köln mussten bald 15 000 Menschen mit Trinkwasser versorgt werden. Deshalb bauten die Römer eine fast 100 Kilometer lange Wasserleitung von der Eifel bis in die Stadt. Ihre Abwässer leiteten sie über Kanäle in den Rhein. Reste der Kanäle kann man heute noch besichtigen, zum Beispiel beim Praetorium.

Womit spielten römische Kinder in Köln?

Es gab zwar schon Holz- oder Stoffpuppen und auch kleine Pferdewagen, aber so etwas besaßen nur ganz wenige römische Kinder. Das meiste Spielzeug schenkte ihnen die Natur: Haselnüsse, Walnüsse, Kastanien und auch Knochen. Mit den »Astragalen«, kleinen Gelenkknochen von Ziegen und Schafen, spielten sie würfeln, weil sie vier verschiedene Seiten hatten, denen jeweils eine andere Punktzahl zugeordnet war.

Astragale sind kleine Gelenkknochen von Ziegen oder Schafen.

Zeichne dein eigenes Delta-Spiel!

Mitmachkasten!

DU BRAUCHST:
- Malkreide
- Nüsse oder Kastanien
- oder gleich große Steine

SO GEHT ES:
1. Zeichne ein großes Dreieck.

2. Teile es in 10 Teile auf, die du mit römischen Zahlen nummerierst (siehe Seite 96).

3. Markiere einen Abwurfplatz. Jeder bekommt 5 Nüsse, Kastanien oder Steine, die farblich markiert sind. Werft abwechselnd auf das Dreieck. Zählt am Ende die Punkte zusammen, die jeder mit seinen Würfen

Wo wohnten die Reichen – wie hausten die Armen?

Im mittelalterlichen Köln gab es nur wenige Häuser aus Stein. Das waren vor allem öffentliche Gebäude, wie das Rathaus oder der Gür‍zenich. Aber auch Kaufleute wollten manchmal etwas Be‍sonderes besitzen und den an‍deren zeigen, dass sie »stein‍reich« waren. Im Jahr 1225 ließ sich die Familie Overstol‍ ein prächtiges Steinhaus in der Rheingasse errichten. Mit seinen schönen Fensterbögen und dem Treppengiebel ist es heute das älteste noch benutz‍te mittelalterliche Haus der Stadt Köln. Genutzt wird es jetzt von der Kunsthochschul‍ für Medien Köln (KHM).

Das Overstolzenhaus in der Rheingasse

Fensternische mit Sitzbank in einer Burg

Warum ging man mit den Hühnern schlafen?

Weil es teuer war, die Räume abends mit Öllampen oder gar Kerzen zu beleuchten, gingen die Menschen schlafen, wenn es dunkel wurde. Mit dem ersten Licht des Tages standen sie wieder auf. Genauso machen es die Hühner. In den meisten mittelalterlichen Häusern war es entweder kalt und zugig oder stickig und verraucht. Zum einen gab es keine Glasfenster. Die Löcher in der Mauer wurden mit Leinen oder Pergament verschlossen oder gar nicht. Außerdem gab es oft keinen guten Abzug für die Kamine oder Feuerstellen. Gegen kalte Füße half loses Stroh oder Strohmatten auf dem Boden und wer Glück hatte, konnte sich ein kleines Fell unter die Füße legen. Teppiche gab es zwar schon, aber die legte man nicht auf den Fußboden, sondern hängte sie an die Wand. Auf den Betten lagen Matratzen aus Stroh, darüber Bettdecken, die mit Federn gefüllt waren.

Im Hochmittelalter, etwa um 1200, haben manche Hausbesitzer ihre Wohnstube komplett mit Holz auskleiden, also »zimmern« lassen. Daher kommt unser Wort »Zimmer«. Eine »Kemenate« war ursprünglich nur ein Raum mit Kamin. Erst später nannte man das Zimmer der Burgfräulein so.

Glasfenster gab es fast nur in Kirchen. Wohnhäuser hatten Holzläden für die Nacht.

Und wo hausten die armen Kölner? Sie wohnten zur Miete in kleinen Hütten. Diese waren oft an die Häuser der Wohlhabenden angebaut. Die Armen hausten mit der ganzen Familie in einem einzigen niedrigen Raum, in dem auch geschlafen und gegessen wurde. Eine Küche oder ein Bad hatten sie nicht.

Wie kam die Pest nach Köln?

Im Jahre 1357 wütete die Pest in Köln. Das war eine schreckliche Krankheit, die man damals nicht heilen konnte. Wer sich angesteckt hatte, bekam hohes Fieber, Schüttelfrost und schlimme Schmerzen. Eitrige Beulen bildeten sich und an manchen Stellen färbte sich die Haut schwarz. Deshalb nannte man die Pest auch den »Schwarzen Tod«. Die Bewohner von Köln gerieten in Panik, als die Seuche ausbrach. Viele verließen ihre kranken Angehörigen und flohen aus der Stadt. Es gab aber auch Ärzte, die Pestkranke behandelten, um ihnen Linderung zu verschaffen.

Pferdeköpfe oben am Richmodisturm

Wie kommen die Pferde auf den Turm?

Am Kölner Neumarkt steht ein hoher Turm. Oben schauen zwei Pferdeköpfe heraus. Wie sie dorthin kamen, erzählt eine alte Sage: Zur Zeit der großen Pest lebte Richolf mit seiner geliebten Frau Richmodis am Neumarkt. Richmodis starb an der Pest und wurde beerdigt. Doch als ein Grabräuber ihr den Ring von der Hand stehlen wollte, wachte sie auf. Sie kletterte aus dem Grab und ging nach Hause. Als ihr Mann davon hörte, sagte er: »Das ist unmöglich. Eher würden meine Schimmel oben auf dem Heuboden stehen.« Und schon trampelten seine Schimmel die Treppe hinauf.

![Mönche kümmerten sich um Pestkranke in Köln]

Mönche kümmerten sich auch um die Pestkranken in Köln. Aus Angst vor Ansteckung pressten die Menschen sich Tücher vor Mund und Nase.

Wer war schuld an der Pest?

Die Pest wurde von infizierten Schiffsratten nach Europa eingeschleppt. Der Rattenfloh übertrug die Krankheit dann auf die Menschen. Ein Grund für die rasche Ausbreitung der Krankheit war der Dreck in den Straßen. Auch in Köln kippten die Menschen ihre Abfälle direkt vor die Haustür. Das lockte Ratten an und die Flöhe hüpften von den Ratten auf die Menschen.

All das wussten die Menschen im Mittelalter noch nicht. Sie glaubten, die Pest sei eine Strafe Gottes. Voller Angst suchten sie nach Schuldigen, sogenannten »Sündenböcken«. Schon bevor der erste Kölner an der Pest erkrankte, wurden die Juden beschuldigt, an der Krankheit Schuld zu sein. Erst 1894 entdeckte der Schweizer Arzt Alexandre Yersin den Erreger der Pest. Heute kann man die Pest mit Antibiotika behandeln und heilen. In Europa kommt sie nicht mehr vor.

Pesttafeln warnten vor der Seuche.

Seit wann hatten die Kölner eine »gute Kinderstube«?

Wenn sich jemand nicht gut benimmt, dann sagte man früher, er habe »keine gute Kinderstube« gehabt. Das Wort Kinderstube klingt altmodisch, dabei gab es früher gar keine Kinderstuben. Kinder haben bis zum 19. Jahrhundert genauso gelebt wie Erwachsene: Sie haben dasselbe gegessen, in denselben Betten geschlafen, und sie haben mit ihren Eltern zusammen gearbeitet. Die Kinder von Handwerkern halfen in der Werkstatt und die Kinder der Bauern halfen auf dem Hof.

Mit Puppenstuben sollten kleine Mädchen im Spiel üben, was sie später als Hausfrau wissen mussten.

Richtige Kinderstuben oder Kinderzimmer, wie wir heute sagen, gibt es erst seit ungefähr 200 Jahren.

Und das kam so: Um das Jahr 1800 veränderte sich das Familienleben der Bürger, auch in Köln. Die Väter gingen morgens aus dem Haus zu ihrer Arbeitsstelle: Sie waren Ärzte, Beamte, Angestellte oder Geschäftsleute. Die Frauen blieben zuhause und kümmerten sich um die Kinder. Diese Kinder mussten nicht arbeiten, sie hatten Zeit zum Spielen und zum Lernen. Die Eltern schenkten ihnen Bücher und verlangten, sie sollten sich Manieren aneignen – eben eine »gute Kinderstube« bekommen.

Dazu gehörte auch, dass die Kinder die Rollen ihrer Eltern erlernen sollten. Aus den Mädchen sollten Mütter werden, daher bekamen sie Puppen und Puppenhäuser geschenkt. Jungs hingegen sollten lernen, wie man Geld verdient. Sie lernten deshalb Lesen und Schreiben, Sprachen und Mathematik.

Ausflugstipp in den Alltag unserer Vorfahren

MUSEUM FÜR ANGEWANDTE KUNST KÖLN (MAKK)

Im Kölner Museum für Angewandte Kunst (MAKK) kann man nicht nur sehen, wie die Kölner früher und heute ihre Häuser und Wohnungen eingerichtet haben. Es ist dort auch Geschirr, Schmuck und Mode aus vielen Jahrhunderten ausgestellt.

MUSEUM FÜR ANGEWANDTE KUNST (MAKK)
AN DER RECHTSCHULE
50667 KÖLN

Warum durften Jungen früher nicht weinen?

Eltern lieben ihre Kinder, das war immer so und wird auch immer so bleiben. Aber vor 200 Jahren durften Väter ihre Liebe nicht zeigen. Gefühle, so glaubten sie, seien nur etwas für Frauen. Die Väter waren daher sehr streng mit ihren Kindern, vor allem mit ihren Söhnen, die sie auch geschlagen haben. Jungen durften damals nicht weinen, Mädchen schon.

Was durften brave Kinder?

Im Jahr 1800 sollten Kinder höflich sein und den Mund halten, wenn sie nicht gefragt wurden. Sie mussten ihre Eltern siezen und durften ihnen nicht widersprechen, selbst wenn sie im Recht waren. Kinder hatten damals Pflichten, aber keine Rechte. Sie durften sich auch nicht aussuchen, welches Leben sie als Erwachsene führen wollten. Die Eltern suchten ihnen einen Beruf aus und auch einen Ehepartner.

Kann man ohne Wände wohnen?

Kinder spielen in den Trümmern von Köln.

Köln im Jahr 1945

Wie war das im zerstörten Köln?

Paul Diefenbach mit 9 Jahren

Interview mit Paul Diefenbach, der 1938 in Köln geboren wurde, ein Jahr bevor der Zweite Weltkrieg ausbrach. Als das Mietshaus, in dem er lebte, von einer Bombe getroffen wurde, zog seine Familie aufs Land. Nach demKrieg kam Paul Diefenbach zurück nach Köln. Da war er sieben Jahre alt.

Was war das für eine Stadt, in die Sie zurückkehrten?

Es war eine fremde Welt. Köln war eine riesige Stadt, die nur noch aus Trümmern bestand. Düster ragte der Dom aus den Ruinen empor. Und dann sah ich die Hohenzollernbrücke, die im Wasser lag. Diese Bilder habe ich nie vergessen.

Und als Sie in Ihre alte Wohnung kamen, wie sah es dort aus?

Mein erster Gedanke war: Wie soll man denn hier wohnen? Die Fenster waren zerbrochen und mit Holzbrettern zugenagelt. Licht fiel nur durch ein kleines Loch in der Mitte. Einzelne Zimmer gab es nicht mehr, die Wände waren herausgeflogen und nur die Außenmauern standen noch. Und überall waren Staub und Schmutz.

Gab es noch Möbel?

In den ersten Wochen nicht. Wir schliefen auf Matratzen. Und dann legte man ein Brett über ein paar Ziegelsteine. Das war dann der Tisch.

Gab es noch Küche und Bad?

Es gab eine Toilette, aber keine Spülung. Wir holten das Wasser in einem nahen Schrebergarten. Ich konnte noch keine schweren Wassereimer tragen und bekam deshalb einen Kessel in die Hand gedrückt, den ich auffüllen sollte.

Wo haben Sie damals gespielt?

In den Trümmern. Wir waren viele Kinder und sind in großen Gruppen herumgezogen, auf der Suche nach irgendwas Interessantem. Niemand hat darauf geachtet, was wir machten. Nur die Schuhe durften nicht kaputt gehen, denn jeder hatte nur ein Paar. Wenn wir mit Steinen Fußball spielten, bekamen wir Ärger.

Was kennen Kölner Kinder heute?

Die Stadt Köln ist in 9 Stadtbezirke aufgeteilt, von denen jeder mehrere Stadtteile umfasst. Insgesamt gibt es 86 Stadtteile in Köln. Die Kölnerinnen und Kölner nennen ihre Stadtteile aber lieber »Veedel«, das ist das kölsche Wort für Viertel.

Die 9 Kölner Stadtbezirke und ihre 86 Stadtteile

Nr.	Name	Stadtteile
1	Innenstadt	5
2	Rodenkirchen	13
3	Lindenthal	9
4	Ehrenfeld	6
5	Nippes	7
6	Chorweiler	12
7	Porz	16
8	Kalk	9
9	Mülheim	9

Äußerer Grüngürtel

Leverkusener Brücke

Rhein

Colonius

Mülheimer Brücke

ZOO

Zoo~brücke

Messeturm

Lanxess~Arena

RheinEnergie Stadion

Dom

Hohenzollern~brücke

Deutzer Brücke

Severinsbrücke

Innerer Grüngürtel

Rheingau hafen

Südbrücke

Rodenkirchener Brücke

Äußerer Grüngürtel

Wo leben die Tiere in Köln?

Im Kölner Zoo leben 12 asiatische Elefanten.

Die Kölnerinnen und Kölner sind Tierfreunde. Hier gibt es den drittältesten Zoo Deutschlands. Über 500 Tierarten aus der ganzen Welt leben im Kölner Zoo. Weil sich Tiere nur dann wohl fühlen, wenn sie genügend Platz haben, sind ihre Gehege großzügig bemessen und oft auch ähnlich gestaltet wie die Heimat der Tiere. Der Kölner Zoo hat ein Urwald- und ein Regenwaldhaus und einen großen Elefantenpark. Eine Besonderheit ist das Aquarium, denn dort gibt es Schlangen, Piranhas und Krokodile Im Zoo könnt ihr aber nicht nur die Tiere anschauen, sondern auch viel über ihre Lebensweise erfahren.

Auf dem Melatenfriedhof sind über 40 verschiedene Vogelarten heimisch geworden, darunter Grünfinken, Blaumeisen, Spechte, Amseln, Stare und Rotkehlchen. Auch Eichhörnchen, Fledermäuse und Füchse betrachten den schönen alten Friedhof als ihr Zuhause.

! Wie kommen die Papageien nach Köln?

Seit 1969 gibt es freilebende Papageien in Köln. Es sind Halsbandsittiche und sie sind sehr hübsch. Die ersten von ihnen sind wahrscheinlich aus einer Zoohandlung oder einem Zoo entflohen. Ursprünglich kommen Halsbandsittiche aus den warmen Regionen Afrikas und Asiens, aber sie haben sich an das Klima von Köln gewöhnt und sich vermehrt. Inzwischen leben über 2 000 wilde Papageien in Köln und man kann sie manchmal durch die Parks fliegen sehen.

Halsbandsittich

Ausflugstipp in ein kleines Paradies

FINKENS GARTEN IN KÖLN-RODENKIRCHEN

In Köln-Rodenkirchen liegt »Finkens Garten«, der täglich geöffnet ist und den jeder besuchen darf. Dort gibt es Wiesen, Waldwege und einen Teich. Auch hier fühlen sich Tiere wohl, Insekten, Vögel, aber auch Igel, Füchse und Eichhörnchen. Wenn du den gewundenen Pfaden durch Finkens Garten folgst, findest du besondere Orte: das Bienenhaus, einen Handtastgarten, einen Fußtastpfad, den Kletter-Kreis und den Nasengarten. Außerdem gibt es zu jeder Jahreszeit etwas anderes zu sehen: Im Frühling die schöne Osterglockenwiese, im Sommer das Wiesenlabyrinth mit den Schmetterlingen, im Herbst die Streuobstwiese und im Winter die Futterplätze für Vögel. Aus einer kleinen Hütte heraus kannst du den Vögeln beim Fressen zuschauen, ohne sie zu stören oder zu verscheuchen.

FINKENS GARTEN
FRIEDRICH-EBERT-STRASSE 49
50996 KÖLN

Balancieren in Finkens Garten

Die Heuschrecke ahnt nicht, wie hübsch sie auf der roten Dahlie aussieht.

Was mögen die Kölner lieber: Feste oder Sport?

Wer erfand den Karneval?

Die Kinder in Köln freuen sich immer sehr auf den Karneval.

Schon die Römer feierten einmal im Jahr ein Fest, bei dem alles drunter und drüber ging, die »Saturnalien«. Niemand arbeitete an diesen Tagen, alle tanzten und waren fröhlich. Singende Menschen zogen einen grellbunten Schiffskarren durch die Straßen von Köln, den »carrus navalis«, von dem vielleicht das Wort Karneval stammt. Im Mittelalter bekam das Fest dann einen christlichen Sinn: Am Abend bevor die Fastenzeit begann, in der »Fastnacht« oder auf Kölsch am »Fastelovend«, durfte man sich noch einmal richtig austoben. Im Laufe der Jahrhunderte wurde der Karneval jedoch so wild, dass die preußischen Herren ihn zurechtstutzten und neu organisierten. Sie führten auch den großen Karnevalsumzug am Rosenmontag ein.

Nicht verpassen: Die wichtigsten Tage der Karnevalswoche!

1. **Weiberfastnacht:** Um 11.11 Uhr wird am Alter Markt der Straßenkarneval eröffnet. Ab sofort darf man überall mit Kostüm auftauchen.
2. **Karnevalssonntag:** Die Schull- und Veedelszöch, also die Umzüge der Schulen und Stadtviertel gehen durch die Straßen.
3. **Rosenmontag:** Über eine Million Menschen kommen jedes Jahr zum Rosenmontagszug und rufen »Kamelle!« Das ist das kölsche Wort für Bonbon.

Ganz schön jeck!?

Interview mit Moritz Flock, Kinderprinz
des Dreigestirns von 2013

Moritz Flock

Ich bin sehr karnevalsjeck, weil ich schon im Kinder-
garten und in der Grundschule immer gerne Karneval
gefeiert habe. Ich finde, das ist ein besonders schönes Fest
und man sollte so früh wie möglich damit anfangen,
es kennenzulernen.

Was macht am meisten Spaß daran, Kinderprinz zu sein?

Es ist ein tolles Gefühl, als Prinz in
einen großen Saal zu kommen, der
voller Menschen ist, die fröhlich sind.
Und noch schöner ist es, zu merken,
wie viel Freude wir dann noch
mitbringen. Gerade wenn wir vor
Senioren, also vor älteren Menschen
aufgetreten sind, haben wir immer
gleich gesehen, wie die sich gefreut
haben.

Was ist der Unterschied zwischen Kindersitzungen und Erwachsenensitzungen?

Bei den Kindersitzungen ist es lauter.

Als was verkleidest du dich am Liebsten?

Ich habe gar nicht so viele verschiedene Kostüme, weil ich schon
seit meinem zweiten Lebensjahr die
Bürger-Gardeuniform trage. Aber
wenn ich die nicht anhabe, dann
gehe ich gerne als lustiger Clown.

Ausflugstipp
In die Geschichte des Karnevals

KARNEVALSMUSEUM KÖLN

Im Karnevalsmuseum am Maarweg kannst du alles über die Geschichte
des Karnevals und über das Dreigestirn erfahren. Es gibt auch spezielle
Kinderführungen.

KÖLNER KARNEVALSMUSEUM
MAARWEG 134–136
50825 KÖLN

Wer kennt die besten Plätze?

In Köln gibt es mehr als 233 Spielplätze. Wer das nicht glaubt, kann im Internet nachschauen. Auf der Seite www.spielplatztreff.de findest du alle Spielplätze genau beschrieben und bewertet. 34 Kölner Spielplätze haben die höchste Wertung bekommen: 5 Entchen! Ganz oben auf der

Ausprobieren ausdrücklich erlaubt, lautet die Regel im Odysseum.

Liste stehen die Spielplätze auf dem Zoogelände, im Deutzer Rheinpark und im Familienpark unter der Zoobrücke. Etwas Besonderes sind die Wasserspielplätze. Die gibt es im Beethovenpark, im Nippeser Tälchen, auf dem Rathenauplatz, dem Taunusplatz und im Odysseum. Dort könnt ihr herrlich mit Wasser und Sand herummatschen.

Eine Attraktion in der Südstadt ist der Bauspielplatz im Friedenspark. Dort gibt es jeden Tag tolle Angebote. Das Gelände ist riesig und man kann nicht nur hämmern, basteln und bauen, sondern auch Inlineskates oder Skateboards ausleihen und gleich losfahren

Ausflugstipp
zu grenzenlosen Abenteuern

ODYSSEUM KÖLN-KALK

Nur in Köln gibt es das Abenteuermuseum Odysseum. Hier kannst Du spielen und dabei gleichzeitig die Welt erforschen. Wie lebten die Dinosaurier? Wo geht ein Astronaut aufs Klo? Wie funktioniert ein Magnet? Und wie viel Kraft hat Wasser? Vieles lässt sich besser verstehen, wenn man es ausprobieren kann. Seit kurzem gibt es im Odysseum auch das »Museum mit der Maus«. Und alle, die sich austoben wollen, finden einen tollen Spielplatz, eine Kletterwand und einen Hochseilgarten.

Im Astronautentrainer kannst du testen, ob du für die Fahrt ins All tauglich bist.

ODYSSEUM
CORINTOSTRASSE 1
51103 KÖLN

Willst du zum Circus? Dann hier entlang!

Die Röhren-clowns pusten einen Ballon auf.

Beim Kölner Spielecircus können Kinder alles lernen, was richtige Artisten brauchen: Akrobatik, Balancieren, Jonglieren, Kindertanz und Bewegungstheater. Es gibt wöchentliche Kurse, Ferienaktionen oder Projekte für Schulklassen!

Wer Computerspiele mag, sollte die Gamescom besuchen. Das ist die weltweit größte Messe für Computer- und Videospiele, die jedes Jahr in Köln stattfindet. Dort kann man viele Spiele ausprobieren und sich neue Spielkonsolen erklären lassen.

Bastel dir eigene Jonglierbälle!

Mitmachkasten!

DU BRAUCHST:
- 6 kleine Luftballons
- Reis
- eine kleine Butterbrottüte

SO GEHT ES:
Fülle eine kleine Butterbrottüte mit Reis, verknote sie und schneide die Spitze ab. Jetzt kannst du den Reis in den Ballon einfüllen. Schneide den Hals des Ballons ab. Nimm einen zweiten Ballon, schneide den Hals ebenfalls ab und stülpe den zweiten Ballon über den mit Reis gefüllten Ballon, so dass die offene Stelle gut verschlossen ist.

Wo spielt die Musik?

In Köln wird an jeder Ecke Musik gemacht: In der Philharmonie, in der Lanxess-Arena, in den Musik-Clubs, in den Schulen und sogar auf der Straße! Ob du nun klassische Musik oder Volksmusik, Hip-Hop, Rock oder Popmusik liebst – all das kannst du in Köln hören. Sehr beliebt sind die Bands, die auf Kölsch singen, wie BAP, Brings, die Bläck-Fööss, Kasalla, Cat Ballou und die Höhner.

Zur Oper oder zum Opa?

Ralph Caspers, den ihr aus der Fernsehsendung »Wissen macht Ah« kennt, war natürlich auch mal ein Kind. Als seine Eltern ihm erzählten, sie würden ihn in die Oper mitnehmen, hat er sich verhört und dachte, sie gingen zum Opa. Heute ist er der Schirmherr der Kölner Kinderoper und freut sich, dass es dieses tolle Programm gibt.

Bläck Fööss – »nackte Füße« heißt eine der beliebtesten kölschen Mundart-Bands.

BAP – die Kölschrockband um den Frontmann Wolfgang Niedecken –
ist eine der erfolgreichsten deutschsprachigen Rockbands.

Brings ist eine Rock-Band, die auf Kölsch singt. Mitglieder sind:
Peter und Stephan Brings, Harry Alfter, Christian Blüm und Kai Engel

Warum sind die Kölner verrückt nach Kunst?

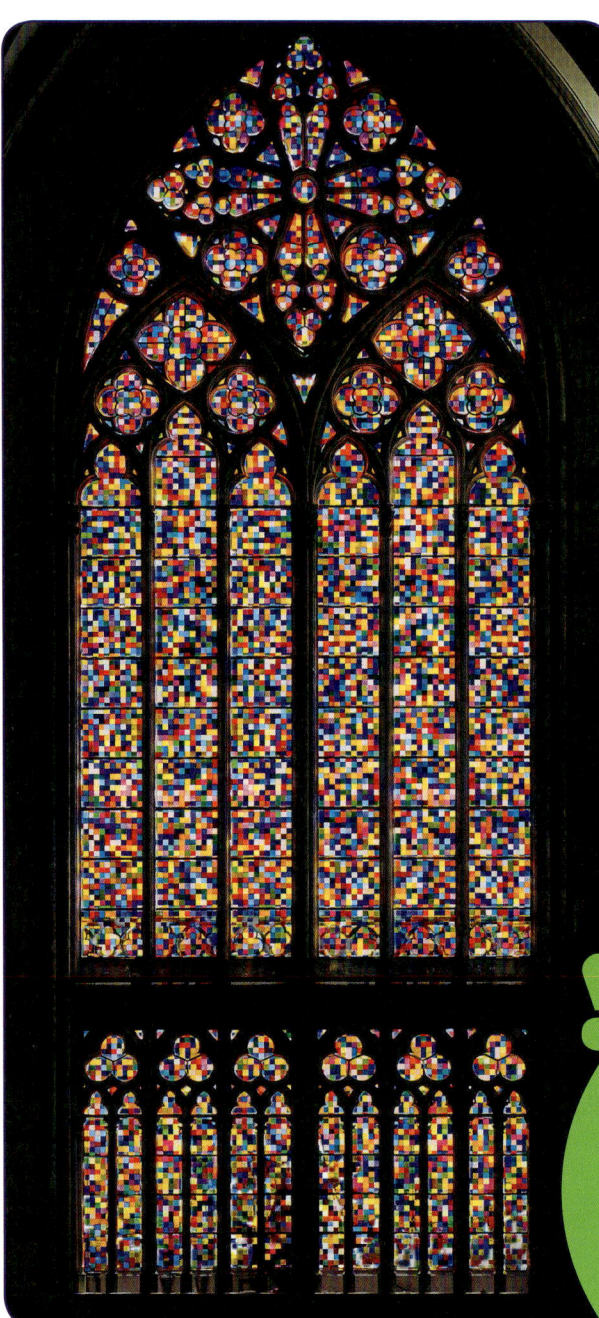

Köln ist das, was man eine Kunstmetropole nennt, also eine Hauptstadt der Kunst. Nicht nur, weil es in Köln viele Kunstmuseen gibt, sondern auch, weil in der Stadt mehr als 1 000 Bildende Künstler leben. Was machen Bildende Künstler? Sie malen, zeichnen, fotografieren oder fertigen Skulpturen an.
Die Kölner geben sich viel Mühe, damit auch Kinder Spaß an Kunst haben. Fast alle Museen bieten spezielle Kinderführungen an oder führen Kurse durch, in denen Kinder eigene Kunstwerke schaffen können.

Farbexplosion im Dom

Der Kölner Künstler Gerhard Richter hat 2007 ein Fenster für den Kölner Dom entworfen. Es besteht aus 11263 Farbquadraten in 72 Farben.

Das Dom-Fenster des Kölner Künstlers Gerhard Richter leuchtet besonders schön, wenn die Sonne scheint.

Seit wann gibt es Kunst?

So genau weiß das niemand, aber Kunst gehört für die Menschen einfachzum Leben. Schon die Steinzeitmenschen haben Gegenstände verziert oder Bilder von Tieren gemalt. Ob Ubier, Römer, Franken, Franzosen oder Preußen: Kunst hat es in Köln immer gegeben. Glücklicherweise gab es auch Archäologen, die solche Schätze entdeckten undSammler, die Kunst aus allen Zeiten gekauft und aufgehoben haben. Viele dieser Kunstsammler haben ihren ganzen Besitz der Stadt Köln geschenkt. Ohne diese großzügigen Menschen wären die Kölner Museen ziemlich leer.

Ferdinand Franz Wallraf
(1748–1824)

Für Kinder gibt es in Kölner Museen viel zu sehen, aber auch die Möglichkeit, selbst zu malen und zu basteln.

Ferdinand Franz Wallraf war der Sohn eines Kölner Schneidermeisters, studierte Medizin und wurde 1784 Professor an der Universität zu Köln. Als die Franzosen die Kölner Kirchen zerstörten, rettete Wallraf viele Kunstwerke und sammelte alles, was mit der Geschichte Kölns zu tun hatte: Waffen, Münzen und Gemälde. Er bestimmte, dass die Stadt Köln seine große Kunstsammlung nach seinem Tod erben sollte. Das meiste davon wird heute im Wallraf-Richartz-Museum gezeigt.

Im Stockpuppen-Theater treten Hänneschen und Bärbelchen auf.

Wer macht denn hier soviel Theater?

Theaterspielen macht Spaß! Das weiß jeder, der es mal ausprobiert hat. In Köln gibt es viele Theatergruppen für Kinder und auch die meisten Schulen haben eine eigene Theatergruppe. Wer lieber Theater anschauen will, kommt in Köln aber auch nicht zu kurz, denn es gibt Theater mit einem eigenen Kinderprogramm. Das findet ihr in der Zeitung oder im Internet.

Wer gehört zum Hänneschen-Theater?

Im Hänneschen-Theater am Eisenmarkt in der Altstadt treten nur Stockpuppen auf. Sie hängen nicht an Schnüren wie Marionetten, sondern werden von den Puppenspielern, die unterhalb der Bühne stehen, an Stöcken nach oben gehalten. Neben Hänneschen und Bärbelchen spielen auch Tünnes und Schäl mit, zwei Kölner Originale, über die es ganz viele Witze gibt.

Was ist Lampenfieber?

Auch die berühmten Schauspieler kennen das: Kurz bevor der Vorhang aufgeht, werden sie nervös. Manche bekommen feuchte Hände, andere einen trockenen Hals und wieder andere müssen andauernd aufs Klo. Das nennt man Lampenfieber. Man kann es auch bekommen, wenn man vor der ganzen Klasse etwas sagen soll. Oder wenn man jemanden trifft, in den man verliebt ist.

Ein Kunstwerk im Gesicht

Interview mit Bernd Bauer. Er ist Maskenbildner und hat in Köln »Die Maske« gegründet, eine Schminkschule.

Bernd Bauer

Was genau ist ein Maskenbildner?

Das ist derjenige, der das Aussehen der Schauspieler für Theateraufführungen oder Filme verändert. Wir arbeiten dabei mit Masken, Perücken oder Gesichtsteilen.

Warum muss man die Gesichter so stark verändern?

Wenn ein Schauspieler ein sehr liebes Gesicht hat, aber einen schlimmen Bösewicht spielen soll, dann müssen wir ihn so verändern, damit er zu seiner Rolle passt.

Können Sie auch aus Menschen Tiere machen?

Natürlich, das kommt oft vor. Für eine Oper mussten wir die Sänger in Bären verwandeln. Das war sehr schwierig, denn die Bären sollten auch singen können. Und ihr Gesang sollte nicht in der Maske verschwinden.

Was ist mit Hunden?

Wenn ein Schauspieler eine Maske trägt, die wie ein Hundekopf aussieht, dann kann er dahinter seine Augen bewegen und die Schnauze öffnen. Aber die Hundenase kann er ja eigentlich nicht rümpfen. Da müssen wir uns dann etwas einfallen lassen, damit es doch geht.

Worauf sollte man achten, wenn man sich im Alltag schminkt?

Man sollte nicht versuchen, wie ein bestimmter Typ auszusehen, sondern seinen eigenen Charakter bewahren.

Tier oder Mensch? Maskenbildner beherrschen die Kunst der Verwandlung.

Wie schnell kann man Köln umrunden?

Die Rennstrecke von »Rund um Köln« ist 200 km lang.

Cilly Aussem (1909–1963)

Cäcilie Edith »Cilly« Aussem wurde in Köln geboren und war eine erfolgreiche Tennisspielerin. Sie gewann 1931 als erste Deutsche das berühmte Tennis-Turnier in Wimbledon. Aussem lernte mit 14 Jahren Tennisspielen im Kölner Verein KTHC Stadion Rot-Weiss. 1934 war sie auf Platz 9 der Weltrangliste, auf der nationalen deutschen Rangliste sogar auf Platz 1. Zu ihrem Andenken werden die Mannschaftsmeisterschaften der Juniorinnen des Deutschen Tennisbundes seit 1965 Cilly-Aussem-Spiele genannt.

Die ersten Fahrradfahrer hatten es nicht leicht in Köln. Die Ratsherren erließen 1869 ein Gesetz, in dem sie das »Reiten auf Velocipeden« auf allen öffentlichen Straßen und Plätzen der Stadt Köln bei Strafe verboten. Was war der Grund dafür? Das neue Fortbewegungsmittel Fahrrad war für alle noch so ungewohnt, dass es immer wieder zu Zusammenstößen kam. Fußgänger und Kutscher fühlten sich belästigt. Das hat sich zum Glück geändert. Heute gibt es insgesamt 500 Kilometer Radwege in Köln. Außerdem hat die Stadt sogar einen eigenen Fahrradbeauftragten.

»Rund um Köln« heißt das größte und zweitälteste Ein-Tages-Radrennen in Deutschland. Seit 1908 wird es durchgeführt. Die Rennstrecke durch die Umgebung von Köln ist etwa 200 Kilometer lang.

Sportfest mit 3000 Kindern

Was passiert beim Kölner Kindersportfest?

Jedes Jahr im Sommer findet das Kölner Kindersportfest statt. Dabei messen sich 3000 Kinder zwischen vier und zehn Jahren in sportlichen Wettkämpfen. Veranstalter ist der »Turnverband Köln 1876 e.V.« und Ausrichter die Agentur »Heimspiele«. Was auch noch toll ist am Kindersportfest: Es gibt an diesem Tag bis zu 40 kostenlose Schnupperangebote. So können alle Kinder Sportarten ausprobieren, die sie noch nicht kennen.

Ausflugstipp zu den Olympischen Spielen

DEUTSCHES SPORT & OLYMPIAMUSEUM KÖLN

Willst du mal in einem Boxring stehen? Oder auf einem Rennrad sitzen und dir den Fahrtwind um die Ohren wehen lassen? Und hast du schon mal auf eine Torwand geschossen, wie im Fernsehen? Das alles kannst du im Kölner Sport- und Olympiamuseum ausprobieren. Oben auf dem Dach des Museums ist ein richtiger Sportplatz, auf dem du dich austoben kannst. Bälle kannst du dir dort ausleihen.

DEUTSCHES SPORT & OLYMPIA MUSEUM
IM ZOLLHAFEN 1
50678 KÖLN

Wie kommt der Hai aufs Eis?

Die »Kölner Haie« sind eine erfolgreiche Eishockeymannschaft. Sie wurde 1972 gegründet und spielt seitdem in der Deutschen Eishockey-Liga (DEL). Achtmal wurden die Haie schon Deutscher Meister, in den 1980er Jahren sogar dreimal hintereinander. Die Haie trainieren in Köln-Deutz, in der sogenannten Kölnarena 2. Aber ihre Spiele finden in der riesigen Lanxess-Arena statt. Rund 12 000 Zuschauer kommen im Durchschnitt zu den Heimspielen der Haie. In jeder Saison jubeln ihnen 470 000 Fans zu.

Die Kölnarena 2, Trainingshalle der Kölner Haie

Von der Arena zur Bühne

In der Lanxess-Arena haben 18 000 Zuschauer Platz. Doch die Halle ist nicht nur für Eishockeyspiele da: Innerhalb von wenigen Stunden kann sie umgebaut werden: zum Tenniscourt, zur Showbühne, zur Oper, zur Cart-Rennstrecke oder zum Kino. Stars wie Lady Gaga, Justin Bieber und Cro treten gerne hier auf.

Warum werden manche Trikotnummern gesperrt?

Acht Trikotnummern werden bei den Kölner Haien zu Ehren der Spieler, die sie getragen haben, nicht mehr vergeben: Darunter ist auch die Nummer 1. Sie war die Rückennummer von Publikumsliebling »Peppi« Heiß, der 1988 – 2001 als Torhüter bei den Haien spielte. Ein Trikot mit der Nummer 12 wird es nur noch solange geben, wie Mirko Lüdemann beim Verein spielt. Er ist seit 1993 Verteidiger und hält einen besonderen Rekord: Der erste Spieler mit mehr als 1 000 Einsätzen bei den Haien.

Mirko Lüdemann, die Nummer 12

Seit 1995 gibt es auch einen Damen-Eishockeyverein in Köln: Die »Cologne Brownies«. Ihre Trainings- und Spielstätte ist die Kölnarena 2, wo auch die Nachwuchsmannschaften der Kölner Haie und die Haie selbst trainieren.

Wer wird Deutscher Meister?

Fußball und der »FC« gehören zu Köln wie der Karneval. Der 1. FC Köln ist Gründungsmitglied der Bundesliga und seine erste Fußballmannschaft spielt seitdem auch (fast) immer in dieser Spielklasse. Mit über 70 000 Mitgliedern ist der 1. FC Köln der größte Sportverein in der Stadt. Dreimal war der FC Deutscher Meister viermal DFB-Pokalsieger und 1986 erreichte die Mannschaft das Finale des UEFA Pokals. In der Saison 1977/78 gewann die Mannschaft das »Double«: Die Deutsche Meisterschaft und den DFB-Pokal.

Wo spielen die Profis? Und wo spielt ihr?

Die Heimstätte des 1. FC Köln ist das RheinEnergieStadion. Für alle anderen gibt es noch 20 weitere Fußballvereine und viele Fußballplätze in Köln. Viele Fußballfans treffen sich auch einfach auf großen Wiesen und spielen dort miteinander. Die schönsten Bolzplätze sind hier: Beethovenpark, Jahnwiese, Parks in Riehl, Niehl und Nippes, Poller Wiesen, Rheinpark, Rheinufer zwischen Niehl und Mülheim und im Inneren Grüngürtel.treten gerne

Wie kommt der Ziegenbock ins Stadion?

Jeder Fußballverein hat ein Maskottchen, in Köln ist es der Geißbock Hennes. Und das kam so: Der spätere Erfolgstrainer Hennes Weisweiler war Anfang der 1950er-Jahre Spielertrainer des 1. FC Köln. Auf einer Karnevalssitzung 1950 schenkte die Zirkusdirektorin Carola Williams dem Verein aus Jux einen Ziegenbock, den sie Hennes nannte. Der wurde zum geliebten Maskottchen der Kölner und ist heute im Wappen des Vereins zu sehen. Das Clubhaus wurde nach ihm sogar Geißbockheim genannt. Hennes ist bei allen Heimspielen des Clubs dabei und bekommt immer einen extra Applaus. Normalerweise lebt er im Kölner Zoo. Dort kann man ihn über die »Hennescam« sogar live im Internet sehen: fc-koeln.de/fc-info/club/hennes/hennescam/

Lukas Podolski (geboren 1985)

Lukas Podolski wurde 1985 in Polen geboren und kam als Zweijähriger nach Deutschland. In seiner Zeit beim 1. FC Köln war er ein gefeierter Star und wurde gerne »Prinz Poldi« genannt. Seit 2004 gehört er zur Deutschen Nationalmannschaft, absolvierte über 120 Länderspiele und ist mit 48 Treffern der dritterfolgreichste Torschütze des DFB.

Wie war die Schule? Wie war's bei der Arbeit?

Bei den Römern durfte nur selten auch mal ein Mädchen am Unterricht teilnehmen.

Warum konnten reiche Kinder nicht schwänzen?

Sehr reiche Römer schickten ihre Kinder gar nicht auf eine Schule, sondern ließen sie von Hauslehrern unterrichten. Da war es mit Schwänzen natürlich schlecht. Aber auch die Schule kostete Geld. Viel war das nicht, und die Lehrer – meistens gebildete Sklaven aus Griechenland – konnten davon kaum leben. Eine römische Schule bestand nur aus einem Raum, manchmal traf sich die Klasse auch im Freien. Der Lehrer saß in der Mitte und die acht bis zehn Schüler hockten auf Schemeln um ihn herum. Sie hörten zu, mussten vieles auswendig lernen und schrieben mit einem Griffel auf eine Wachstafel. Der Griffel hatte eine spitze Seite, mit der die Kinder Buchstaben und Zahlen in das weiche Wachs hineinritzen konnten. Um die Tafel neu beschreiben zu können, drehten sie den Griffel um und strihen das Wachs mit der breiten Seite wieder glatt. Die jüngsten Schüler waren sieben Jahre alt. Sie lernten lesen, schreiben und rechnen. Nach ein paar Jahren mussten sie bereits arbeiten und ihr Brot verdienen. Die wenigen Schüler, die weiter zur Schule gehen durften, bekamen jetzt Unterricht in Geometrie, Astronomie (Himmelskunde) und Rhetorik (die Kunst der guten Rede).

Bei den Römern gab es eine klare Aufgabenteilung. Männer erledigten die Geschäfte außerhalb des Hauses und Frauen versorgten den Haushalt. Mädchen gingen daher nicht zur Schule, sondern lernten von ihren Müttern, wie sie einen Haushalt führen. Nur selten durften Mädchen lesen und schreiben lernen. Davon gibt es sogar ein Bild. Auch die Römer kannten Feiertage, an denen niemand arbeiten musste und die Schulkinder frei hatten. Das waren zum Beispiel die Saturnalien im Dezember.

Wenn Ritter und Mönche »Wer wird Millionär« gespielt hätten ...

... wer hätte dann wohl gewonnen? Sicherlich die Mönche. Denn sie waren im Mittelalter fast die einzigen, die lesen und schreiben konnten. Im Kloster wurde auch Latein unterrichtet und manchmal sogar Griechisch. Alle anderen Menschen lebten ohne Bücher, auch die meisten Adligen. Sie beschäftigten daher einen Sekretär oder Schreiber, also jemand, der ihre Geschäfte führte. In Städten wie Köln gingen die Leute mit einem Brief zu einem gelehrten Mann, der ihnen gegen wenig Geld vorlas und auch eine Antwort schrieb, wenn sie das wollten. Es gab eine Gelehrtenfamilie mit Namen Swyn, die oft um ihre Dienste gebeten wurde. Wenn aber ein Brief so schlecht geschrieben war, dass auch die Swyns ihn nicht lesen konnten, sagten die Leute: »Dat kann keen Swyn lesen!«. So entstand die Redewendung »Das kann ja kein Schwein lesen!«

Kaiser Karl der Große war übrigens eine Ausnahme. Er konnte nämlich sehr gut lesen und schreiben. Und er traf sich gerne mit seinen gelehrten Freunden, um über die Bücher zu reden, die er gerade gelesen hatte. Karl sorgte dafür, dass in seinem Reich überall dieselbe gut lesbare Schrift benutzt wurde, sie heißt »Karolingische Minuskel« und ist ein Vorläufer unserer heutigen Schrift.

Karl der Große konnte seine Briefe und Urkunden selbst unterschreiben.

Stelle eine mittelalterliche Geheimtinte her!

Mitmachkasten!

DU BRAUCHST:
- den ausgepressten Saft einer Zitrone
- 1 Wattestäbchen
- 1 Blatt Papier
- 1 Bügeleisen

SO GEHT ES:

Tunke das Wattestäbchen in den Zitronensaft und schreibe eine unsichtbare Botschaft. Wenn das Papier trocken ist, kannst Du es falten und verschicken.Der Empfänger muss das Papier nun so lange bügeln, bis die Schrift sichtbar wird.

Albertus Magnus (um 1200–1280)

Albertus Magnus war ein deutscher Gelehrter und Bischof, der 1931 sogar heilig gesprochen wurde. Er studierte in Italien und Frankreich und wurde Mönch bei den Dominikanern. 1248 kam er nach Köln, um dort die Klosterschule zu leiten, aus der 1388 die Universität zu Köln wurde. Albertus war sehr klug. Er kannte sich nicht nur in Fragen der Religion aus, sondern auch in Geschichte, Philosophie und Naturwissenschaft. Deshalb bekam er den Beinamen Magnus, der Große. Nach seinem Tod 1280 wurde Albertus Magnus in der Kirche St. Andreas in Köln begraben.

Denkmal für Albertus Magnus vor der Kölner Universität.

Wie viele Stunden mussten Kinder früher arbeiten?

Kinder aus sehr armen Familien hatten es schon immer schwer.
Obwohl es in Preußen schon seit 1717 eine Schulpflicht gab, die dann in Köln seit 1830 galt, mussten viele Kinder schwer schuften, anstatt lesen und schreiben zu lernen. Schon mit vier Jahren gingen sie in dieselben Fabriken, in denen auch ihre Eltern arbeiteten. Zwar durften Kinder längere Pausen machen, aber ihr Arbeitstag dauerte trotzdem bis zu zwölf Stunden. 1839 gab es das erste Gesetz, mit dem die Kinderarbeit eingeschränkt wurde, auch in Köln. Ab jetzt sollten nur noch die Kinder arbeiten gehen, die neun Jahre oder älter waren. Nachts, Sonntags und an Feiertagen hatten sie frei. An allen anderen Tagen mussten sie jedoch zehn Stunden arbeiten. 1853 wurde das Alter von Kindern, die arbeiten sollten, auf zwölf Jahre heraufgesetzt.

Dass Kinder harte Arbeit verrichten mussten, fanden die Menschen jahrhundertelang völlig normal.

Auch im Kölner Waisenhaus mussten Kinder arbeiten.

Wo arbeiteten die Kölner Kinder?

In Köln gab es 50 Wirkschulen. Das waren eigentlich keine Schulen, sondern Werkstätten, in denen Kinder weben, stricken und Spitze klöppeln lernten und viele Stunden arbeiten mussten. Dafür bekamen sie nur wenig Geld, einen Hungerlohn, denn satt essen konnten sich die Kinder davon nicht. Manchmal sind die Kinder von der Arbeit fortgelaufen. Dann mussten die Eltern für sie bezahlen oder ins Gefängnis gehen. In Köln war es ausgerechnet eine Spielzeugfabrik, die Waisenkinder für sich arbeiten ließ.

Seit wann gibt es Kinderrechte?

Kinder haben Rechte. Leider wissen das noch immer nicht alle Menschen auf dieser Welt. Erst 1989 hat die Versammlung der UNO, in der fast 200 Staaten zusammengeschlossen sind, die Rechte von Kindern aufgeschrieben. Diese Liste heißt heute »Kinderrechtskonvention«. Alle Staaten auf dieser Welt haben sich verpflichtet, die Rechte der Kinder zu schützen. Ausnahme: Die USA und Somalia haben die Konvention noch nicht unterschrieben. Zu den Kinderrechten gehören Schutz vor Gewalt und das Recht auf Mitsprache. Aber auch die Förderung der kindlichen Phantasie ist ein Kinderrecht. Denn Kinder haben dieselben Eigenschaften wie Wissenschaftler: Sie sind neugierig, sie stellen Fragen, sie probieren gerne etwas Neues aus, und sie haben gerne Spaß. Deshalb gibt es an der Universität zu Köln ein kunterbuntes Programm extra für Kinder. Da könnt ihr die Welt der Technik, der Sprache oder der Musik entdecken und alles ist kostenlos.

Wer hatte die besten Ideen in Köln?

Die erste Rolltreppe in Deutschland rollte in Köln!

Am 11. Juli 1925 installierte das Kaufhaus »Tietz« die erste Rolltreppe in Deutschland. Erfunden wurde sie jedoch in den USA. Das Kaufhaus Tietz war dort, wo heute der Kaufhof an der »Hohe Straße« steht. Leonhard Tietz gründete sein erstes Geschäft in Köln schon 1891. Er wollte ganz verschiedene Waren unter einem Dach verkaufen, zu festen Preisen. Außerdem sollten seine Kunden die Waren gleich bar bezahlen, was damals nicht üblich war. Dafür bekamen sie aber auch ein Umtauschrecht, was ebenfalls neu war.

Maria Clementine Martin (um 1775–1843)

Maria Clementine Martin wurde in Brüssel geboren. Sie war Nonne, Krankenschwester und später sogar Unternehmerin. Ihr großes Interesse galt den Heilpflanzen. Unermüdlich experimentierte sie, probierte alte Rezepte aus und versuchte, neue Medikamente zu erfinden. Dabei entstand das bis heute berühmte Heilwasser Melissengeist. Es war so erfolgreich, dass Maria Clementine Martin 1826 in Köln ein eigenes Unternehmen gründete, um es herzustellen und zu verkaufen.

Wann wurde Köln zur Zuckerstadt?

Zucker war vor 200 Jahren ein Luxus, den sich nur wenige leisten konnten. Man süßte die Speisen meistens mit Honig oder Fruchtsirup. 1870 gründeten die Familien Pfeifer und Langen in Köln eine Zuckerfabrik, die dafür sorgte, dass sich bald jeder Haushalt Zucker leisten konnte. Markenzeichen des »Kölner Zucker« waren zwei Zuckerhüte, die an die Türme des Kölner Doms erinnern.

Zucker aus Köln war günstig und sehr beliebt.

Was soll das Licht im Ei?

Früher wurden Strümpfe gestopft, wenn sie ein Loch hatten. Auch in der Familie des Kölner Oberbürgermeisters Konrad Adenauer war das so. Oft sah er seiner Frau dabei zu, wie sie das hölzerne Stopfei in einen Strumpf schob und das Loch stopfte. Adenauer wollte ihr helfen, aber nicht beim Stopfen. Er erfand ein beleuchtetes Stopfei, denn damit, dachte er, würde die Arbeit vor allem abends viel leichter sein. Sein Antrag auf ein Patent wurde abgelehnt – das beleuchtete Stopfei gab es nämlich schon.

Wie wurde aus einer Idee ein Auto?

Das Ford Modell »Köln«

Schon immer träumten die Menschen von einem Automobil, einer Maschine, die sich von allein bewegen kann, die keine Schienen braucht und stärker als ein Pferd ist. Mit der Erfindung des Motors konnte dieser Traum Wirklichkeit werden, aber die ersten Motoren waren noch zu schwer für Automobile. Schließlich gelang es Wilhelm Maybach und Gottlieb Daimler, einen Motor zu konstruieren, der ein Auto antreiben konnte.

Wie funktioniert der Ottomotor?

Fast alle Motoren arbeiten nach dem Viertakt-Modell. Denn es sind vier Arbeitsschritte, die im Motor nacheinander ablaufen:
1. Ansaugen von Luft oder Gasgemisch.
2. Verdichten (Zusammendrücken) und Zünden.
3. Arbeiten (der Motor treibt das Auto an)
4. Ausstoßen (von Abgas)
Heute nennt man alle Viertakt-Verbrennungsmotoren Ottomotoren, auch wenn er sie nicht alle erfunden hat.

Ottomotor

Wer baute die ersten Autos am Fließband?

1930 wurden in Köln-Niehl die Fordwerke gegründet, eine Tochterfirma des US-amerikanischen Automobilherstellers »Ford Motor Company«. Henry Ford, der Firmenboss, kam extra aus Detroit angereist, um bei der Grundsteinlegung dabei zu sein. Ford gehörte zu den ersten, die Fließbänder in ihren Fabriken einsetzten: Das unfertige Auto lief langsam auf dem Band an den Arbeitern vorbei und jeder von ihnen musste ein anderes Teil einbauen. Auf diese Weise kann man Autos schneller

Ford Werk in Niehl 1931

herstellen, als wenn man jedes Auto einzeln zusammensetzt. Für die Arbeiter bedeutete das damals aber auch Stress, denn sie hatten nur wenig Pausen und mussten jeden Handgriff in der vorgeschriebenen Zeit schaffen.

Nicolaus August Otto (1832–1891)

Nicolaus August Otto war eigentlich kein Erfinder, sondern Kaufmann. Aber er experimentierte gerne und dabei entdeckte er, wie man einen Motor baut. Zusammen mit dem Ingenieur Eugen Langen gründete Otto 1864 die erste Motorenfabrik der Welt. Daraus entstand die Deutz AG in Köln, die es heute noch gibt.

Kölsch-lernen macht Spaß!

Was sprechen die Menschen in Köln? Natürlich Kölsch! Aber nicht alle Kölnerinnen und Kölner verstehen diese besondere Sprache und noch viel weniger Leute können sie richtig sprechen. Die »Akademie för uns kölsche Sproch« will das ändern. Sie hat ein ganzes Kölsch-Wörterbuch ins Internet gestellt, und bietet viele Veranstaltungen an, bei denen Kölsch gesprochen wird.

Für Kinder gibt es ein eigenes Programm, »Kölsch för Pänz«. Dazu gehören zum Beispiel die Kölsch AGs, für die sich alle Kölner Grundschulen bewerben können. Es gibt Lieder zum Mitsingen, Theater- und Kunstprojekte. Denn Kölsch-lernen soll vor allem eines: Spaß machen.

In den Oster- und Herbstferien bietet die »Akademie för uns kölsche Sproch« besondere Projekte an: Kölsche Gerichte Kochen, mit der KVB durch Köln fahren oder die Geschicht Kölns im Mittelalter oder in der Franzosen- oder Preußenzeit nacherleben Der Ausflug »Wer wohnt in unseren Bäumen« führt in den Wald, wo ihr nicht nur den Singvögeln zuhören, sondern auch kölsche Lieder lernen könnt. Und beim Ausflug »Mitbestimmung im Mittelalter und heute« könn ihr sogar das Rathaus besuchen. Wer mehr wissen will, kann hier nachschauen:

www.koelsch-akademie.de/de/koelsch-foer-paenz/

Die Preußen kommen!

Kölsch von A bis Z

HOCHDEUTSCH	KÖLSCH
Affe	Aap
bezahlen	lazze
Pfütze	Pütz
Drachen	Pattevugel
erzählen	verzälle
Flirt	Fisternöll
Hintern	Fott
Kind	Pänz
nackt	bläck
Onkel	Ohm
Popel	Mömmes
Regenschirm	Parapluie
Schmutz	Knieß
Stress	Brassel
unterwegs	ob jöck
verrückt	jeck
Zwiebel	Öllig

Kölsch-AG zu Besuch im Rathaus

Wie schimpft man richtig auf Kölsch?

KÖLSCH	HOCHDEUTSCH
Aaschkröffer!	Schleimer!
Blötschkopp!	Blödmann!
Drüjje Pitter!	Du bist total humorlos!
Fiese Möpp!	Gemeiner Kerl!
Fressklötsch!	Vielfraß!
Lötschendötsch	Dummkopf!
Muuzekopp!	Miesepeter!
Sabbelschnüss!	Vielschwätzer!
Schwaadlappe!	Dummschwätzer!
Strunzbüggel!	Angeber!

Was könnt ihr im Museum lernen?

Zwölf Kölner Museen veranstalten abwechselnd jeden Samstag einen Nachmittag nur für Kinder: »Museum KinderZeit«. Kinder zwischen fünf und sieben oder acht Jahren können im Museum viel erleben, ausprobieren und lernen. Weil die Plätze begrenzt sind, solltet ihr euch bis zum Dienstag vor dem jeweiligen Samstag anmelden. Nicht vergessen: alte Kleidung anziehen oder einen Malkittel mitbringen.

RAUTENSTRAUCH-JOEST-MUSEUM

Indischer Altar im Rautenstrauch-Joest-Museum

Kunstkurse für Kinder

Das Rautenstrauch-Joest-Museum hat sich auf Völker spezialisiert, die man früher »Naturvölker« nannte, weil man glaubte, sie hätten weder eine Schrift noch würden sie Staaten bilden.
Das Museum lag früher am Ubierring und zog 2010 in ein modernes Gebäude am Neumarkt. Mehr als 65 000 Objekte aus Ozeanien, Afrika, Asien und Amerika gehören dem Museum, darunter Musikinstrumente, Kleidung, Schmuck, Kunstschätze und Masken. Benannt wurde es nach dem Kölner Geographen und Völkerkundler Wilhelm Joest und dem Kaufmann Eugen von Rautenstrauch, deren Sammlungen den Grundstock des Museums bilden.

Rautenstrauch-Joest-Museum | Cäcilienstraße 29-33 | 50667 Köln

Welche besonderen Museen gibt es noch in Köln?

MUSEUM LUDWIG

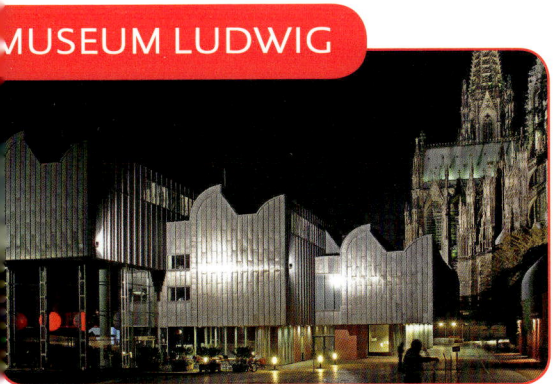

Museum Ludwig

Das Museum Ludwig der Stadt Köln zeigt Kunst des zwanzigsten und einundzwanzigsten Jahrhunderts und zählt zu den bedeutendsten Museen für moderne Kunst in Europa. Außerdem besitzt es eine große Fotosammlung, das »Agfa Foto-Historama«. Im Museum Ludwig gibt es auch viele Aktionen für Kinder: Führungen, Mal- und Bastelnachmittage, ein Ferienprogramm und Angebote für Kindergeburtstage.
Museum Ludwig | Heinrich-Böll-Platz | 50667 Köln

MUSEUM FÜR OSTASIATISCHE KUNST

Ostasiatisches Museum

Schon vor über hundert Jahren, nämlich 1913, wurde das Museum für Ostasiatische Kunst eröffnet. Damals war es das erste Spezialmuseum für ostasiatische Kunst in Europa. Heute sind im Museum chinesische, japanische und koreanische Kunstwerke zu sehen. Das Gebäude stammt aus dem Jahr 1977 und gehört zu den schönsten Baudenkmälern in Köln. Denn es folgt den traditionellen Regeln japanischer Architektur. Deshalb gehört auch ein japanischer Meditationsgarten dazu.
Museum für Ostasiatische Kunst | Universitätsstraße 100 | 50674 Köln

MUSEUM SCHNÜTGEN

Rathauspropheten im Museum Schnütgen

Das Museum Schnütgen ist in einer schönen alten Kirche untergebracht, St Cäcilien am Neumarkt. Die Kirche stammt aus dem 9. Jahrhundert und gehört zu den berühmten 12 Romanischen Kirchen Kölns. Sie ist der perfekte Ort für die Sammlung des Museums, die aus »sakraler« Kunst des Mittelalters besteht. »Sakral« heißt eigentlich heilig. Im Museum sind daher auch schöne Skulpturen, Stoffe, Altarbilder oder wertvolle Gefäße aus Kirchen und Klöstern zu sehen.
Museum Schnütgen | Leonhard-Tietz-Str. 10 | 50676 Köln

DOMSCHATZKAMMER KÖLN

Schon im 9. Jahrhundert gab es einen Schatz im Kölner Dom. Im Mittelalter wurde er in der »Goldenen Kammer« aufbewahrt. Heute kann man ihn im Keller des Domes an der Nordseite bewundern. Dort gibt es sehr kostbare Gefäße aus Gold und Silber, alte Gewänder der Kölner Bischöfe und auch die Grabfunde aus fränkischer Zeit. Zu den berühmtesten Schätzen der Sammlung gehört der Petrusstab, ein Holzstab mit einem Knauf aus Elfenbein, der dem Heiligen Petrus gehört haben soll.
Domschatzkammer | Domkloster 4 | 50667 Köln-Innenstadt

KOLUMBA

Kolumba-Museum

Das Kunstmuseum des Erzbistums Köln heißt seit 2007 »Kolumba«. Es ist in einem modernen Bau des berühmten Schweizer Architekten Peter Zumthor untergebracht. Der hatte eine ungewöhnliche Idee: Von der Kirche St. Kolumba in der Kölner Innenstadt war nach dem Zweiten Weltkrieg nur eine Kapelle übrig geblieben. Zumthor baute das Museum über der Kapelle und den Überresten der Kirche. Deshalb kann man heute vom Eingangsfoyer des Museums aus die Ausgrabungen von St. Kolumba besichtigen. Das Museum selbst zeigt jedes Jahr eine neue Ausstellung. Dabei werden alte christliche Objekte modernen Kunstwerken gegenübergestellt. Damit sollen die Menschen zum Nachdenken eingeladen werden.

Kolumba – Kölner Diözesanmuseum | Kolumbastraße 4 | 50667 Köln

KÄNGURU

STADTMAGAZIN FÜR FAMILIEN IN KÖLN BONN

Wer verbirgt sich hinter dem Kölner Känguru?

KÄNGURU ist das Stadtmagazin für Familien in Köln und Bonn mit spannenden Neuigkeiten aus der Region. Darin findest du Ausflugstipps und Berichte über Menschen oder Ereignisse. Auch Bücher, Filme und Spiele, die dir und deiner Familie gefallen könnten, werden dort vorgestellt. Außerdem gibt es einen Kalender mit ganz vielen Veranstaltungen, nur für Kinder und Familien. Das KÄNGURU erscheint einmal im Monat und ist kostenlos. Es liegt an über 1200 Mitnahmeorten in der Region aus, und zwar dort, wo Menschen mit Kindern gern unterwegs sind. Die KÄNGURU-Infos stehen aber auch im Netz unter www.kaenguru-online.de.

Ausflugstipps in die Wildparks

Wildpark Dünnwald

Der städtische Wildpark Dünnwald ist einer der größten Wildparks der Region. Hier kannst du Wildschweine, Damwild, Muffelwild (Wildschafe) beobachten und sogar ein paar Wisente, die europäischen Verwandten der amerikanischen Bisons. Von der großen Aussichtsplattform aus hast du einen besonders guten Blick und bleibst trotzdem in Sicherheit. Im Wildpark, der das ganze Jahr geöffnet ist und keinen Eintritt kostet, gibt es auch Spielgeräte und im Mutzbach kannst du plantschen. Auch einen Baumlehrpfad und einen Rododendrenwald gibt es dort.

Nur zwei Kilometer entfernt liegt der besonders schöne Ritterspielplatz am Gerbirgis-Weg. Das Dünnwalder Waldbad (Peter-Baum-Weg 20) hat nur von Mai bis September geöffnet.

Wildpark Dünnwald | Dünnwalder Mauspfad 230 | 51069 Köln-Dünnwald

Wildgehege Brück

Im Nordwesten des Naturschutzgebietes Königsforst gibt es mehrere Gehege, die du über Wanderwege erreichen kannst. Dort gibt es Rotwild und Wildschweine zu sehen. Ganz frei und ohne Zäune bewegen sich die asiatischen Dybowskihirsche durch den Wald.

Der Königsforst ist sehr alt. Hier lebten schon Menschen, als es noch keine Stadt Köln gab. Daher fand man hier auch Grabstätten aus der Urzeit. Erstmals schriftlich erwähnt wurde der Königsforst vor 1 000 Jahren, als Kaiser Otto der Große den Wald seinem Bruder, dem Erzbischof von Köln schenkte.

Damals standen hier vor allem Eichen. Doch die wurden unter Napoleon abgeholzt und durch Kiefern ersetzt. In der Zukunft sollen jedoch wieder mehr Eichen gepflanzt werden

Wildgehege Brück | Forsbacher Straße | 51109 Köln-Brück

Wo gibt es einen Tierpark mitten in der Stadt?

Der Lindenthaler Tierpark

Im Lindenthaler Tierpark, der im Kölner Stadtwald liegt, leben zwei Dutzend Stück Damwild, dazu 25 Ziegen, Esel, schottische Hochlandrinder, Schafe, Truthähne und Truthühner, Pfauen, Wassergeflügel und verschiedene Hühnerarten. Auch freifliegende Enten und Gänse kommen hier gerne vorbei. Du darfst Futter, das du dort in Automaten kaufen kannst, an die Tiere verfüttern, aber kein Futter selbst mitbringen.
Hunde dürfen nicht in den Tierpark und Fahrräder müssen geschoben werden.
Lindenthaler Tierpark | Kitschburger Straße | 50935 Köln-Lindenthal

Wie sieht Köln von oben aus?

Wenn du wissen willst, wie Köln von oben aussieht, musst du auf einen hohen Turm steigen oder den Blick aus der Seilbahn genießen, die über den Rhein führt. Hier kannst du Köln von oben sehen:

KÖLNER DOM
Domkloster 2A, Köln-Innenstadt
Höhe: 157 Meter

HOCHHAUS KÖLNTRIANGLE
Ottoplatz 1, Köln-Deutz
Höhe: 103,2 Meter

Köln von oben ist schön ...

KÖLNER SEILBAHN
linksrheinisch:
(Station Zoo, Riehler Str. 180, Köln-Riehl)
rechtsrheinisch:
(Station Rheinpark, Sachsenbergstr. / Ecke Auenweg, Köln-Deutz)
Höhe:
Die Stützen sind linksrheinisch 36,4 Meter, rechtsrheinisch 50,3 und 34 Meter hoch

Wie sieht Köln von unten aus?

Auch von unten ist Köln eine spannende Stadt. Es gibt jede Menge geheimnisvoller unterirdischer Plätze, die du bei speziellen Führungen – auch für Kinder – besuchen kannst: Dabei kannst du durch einen römischen Abwasserkanal spazieren oder den Flucht-tunnel des Erzbischofs Anno sehen, das sogenannte »Anno-Loch«. Das jüdische Bad »Mikwe« gehört zu den unterirdischen Sehenswürdigkeiten oder die Reste des »Praetoriums«, dem Amtssitz des römischen Statthalters in Köln.

... Köln von unten aber auch!

Was gibt es sonst noch Schräges und Spannendes in Köln?

Das Kinder-Dreigestirn von 2015

Warum ist die Jungfrau ein Mann?

Seit vielen Jahren herrscht das »Dreigestirn« über das närrische Volk der Kölnerinnen und Kölner. Natürlich nicht wirklich, sondern nur symbolisch. Trotzdem jubeln alle, wenn Prinz, Bauer und Jungfrau auf einer Karnevalssitzung oder einem Festumzug auftauchen. Weil früher nur Männer eine solche »Hauptrolle« im Karneval spielen durften, wurde auch die Jungfrau von einem Mann dargestellt und so ist es bis heute geblieben. Nur beim Kinder-Dreigestirn ist die Jungfrau auch ein Mädchen!

Wo lebt die berühmteste Maus von Köln?

Wer kennt sie nicht, die Maus, die jeden Sonntag im Fernsehen erklärt, wie unsere Welt funktioniert? »Die Sendung mit der Maus« wird vom Westdeutschen Rundfunk (WDR) in Köln gesendet und deshalb ist die Maus hier zuhause. In einem Radio- und Fernsehsender gibt es viel zu sehen, daher bietet der WDR eine ganze Reihe von spannenden Veranstaltungen für Kinder, darunter eine Abenteuerreise durch den Sender. Aufregend sind auch die Besuche im WDR Kinderstudio: Dort kann eine Schulklasse ein eigenes Radiohörspiel oder eigene Fernsehnachrichten produzieren.

Informationen dazu findet ihr hier: www.schlauer.wdr.de

Wo leben Tünnes und Schäl wirklich?

In Köln werden viele Geschichten und Witze über zwei Männer erzählt, die Tünnes und Schäl heißen. Eigentlich hat es die beiden nie gegeben. Erfunden wurden sie vom Gründer des Hänneschen-Puppentheaters und dort treten sie auch noch heute auf. Der Name Tünnes ist von Antonius abgeleitet. Tünnes hat eine dicke Nase und ist ein freundlicher, friedfertiger Typ, nicht dumm, aber ein bisschen einfältig. Schäl hingegen, dessen Name auf das Wort schlecht oder falsch zurückgeht, ist ein Schlitzohr, sehr schlau und manchmal etwas gemein.
Viele Leute finden, Tünnes und Schäl sind ganz typische Kölner und könnten eigentlich überall in der Stadt leben.

Tünnes und Schäl, zwei echte Kölner Originale!

ZEITTAFEL

Die frühgeschichtliche Zeit

15 000 v. Chr. Eiszeitjäger leben in der Kölner Bucht.

5 500 v.Chr Die ersten Siedlungen entstehen auf dem Gebiet des heutigen Köln.

!

Was heißt eigentlich »vor Christus«?

Irgendwann haben die Menschen damit begonnen, eine Zeitrechnung einzuführen. In Europa zählen wir seit dem 5. Jahrhundert die Zeit seit der Geburt von Jesus in Bethlehem. Demnach leben wir heute 2016 Jahre »nach Christus«, abgekürzt schreibt man das n.Chr. Alles, was vorher in der Welt geschah, wird als »vor Christus« also v.Chr. bezeichnet.

Das Römische Köln

19 v.Chr.	Die Ubier gründen die Siedlung »Oppidum Ubiorum«.
50 n. Chr.	Die Römer erheben Köln zur richtigen Stadt: »Colonia Claudia Ara Agrippinensium« (CCAA).

Köln im Mittelalter

454 n. Chr.	Die Franken vertreiben die Römer endgültig aus Köln.
800	Köln wird Erzbistum
1180	Die Kölner bauen eine Stadtmauer mit 12 großen Toren.
1259	Die Kölner erhalten das Stapelrecht.
1396	Die Kölner Gaffeln unterzeichnen den Verbundbrief.
1424	Die Juden werden aus Köln vertrieben.

Köln unter französischer Herrschaft

1794	Französische Revolutionstruppen besetzen die Stadt.
1801	Die Kölner werden zu französischen Staatsbürgern erklärt.

Köln unter den Preußen

    1815 Köln wird preußisch.

    1880 Der Kölner Dom wird vollendet.

Das Moderne Köln

1914-1918 Der Erste Weltkrieg

    1921 Die Festungsringe werden geschleift (abgerissen) und der Grüngürtel entsteht.

    1924 Das Hansahochhaus wird gebaut, damals der höchste Wolkenkratzer in Europa.

    1925 Im Kaufhaus Tietz wird die erste Rolltreppe Deutschlands in Betrieb genommen.

1939-1945 Der Zweite Weltkrieg

Köln heute

nach 1945	Köln wird wieder aufgebaut und zu einem Zentrum für Industrie, Sport und Kultur.
1956	Der Kölner Dom wird wiedereröffnet.
1974	Eröffnung des Römisch-Germanischen Museums.
1986	Wallraf-Richartz-Museum und Museum Ludwig werden eröffnet.
1992	Auf dem Chlodwigplatz findet das große Konzert »Arsch huh, Zäng ussenander« gegen rechte Gewalt statt.
3. März 2009	Beim Bau der Nord-Süd-Stadtbahn stürzt das Historische Archiv der Stadt Köln ein.
25. Mai 2009	Die Stadt Köln erhält den von der Bundesregierung verliehenen Titel »Ort der Vielfalt«.
22. Oktober 2015	Mit Henriette Reker wird zum ersten Mal eine Frau zur Oberbürgermeisterin von Köln gewählt.

Ich mag Köln, weil ich hir Freunde und Familie habe.

Maia, 9 Jahre

Ich mag Köln, weil die Fremden leute gut aufgenommen werden.

Luigi, 9 Jahre

Ich mag Köln, weil viele leckere Sachen zum essen gibt.

Georg, 10 Jahre alt

Die Autorin

Maren Gottschalk, geboren 1962, studierte Geschichte und Politik in München, wo sie 1989 auch promovierte. Sie schreibt Biografien für junge Leser und Erwachsene sowie Radiosendungen für den WDR. Sie ist Preisträgerin des LUCHS-Preises für Kinder- und Jugendliteratur.

Auflösung von S. 52/53

1 Bio-Hamburger »Wilde Wutz« bei »Freddy Schilling«

2 Asiatische Küche im »Gado Gado«

3 Im »Die fette Kuh« gibt es auch vegetarische Burger

4 Falafel bei »Salam«

5 Wiener Schnitzel in »Grubers Restaurant«

6 Griechische Souflaki in der »Taverna Diogenis«

7 Besondere Pommes Frites gibt es im Stadtgarten

8 Russische Spezialitäten im »Sochi«

9 Salatvariationen im jüdischen Lokal »Koschere Kantine Weiß«

10 Waffel mit Eis und Kirschen im »Hippodrom«

11 Äthiopisch kann man im »Selam« essen

Margit Auer

DER RÖMISCHE GEHEIMBUND

Krimi für Kinder
Broschur, 208 Seiten
ISBN 978-3-89705-959-7

Im Jahr 133 nach Christus: Magnus und Finn machen sich auf den Weg über die Alpen, um ihren alten Freund Rocko zu besuchen. Doch als die beiden Freunde in Rom ankommen, erleben sie eine böse Überraschung: Rocko wurde verhaftet – und das obwohl er als Arzt inzwischen reich und berühmt ist und sogar einen Gladiator betreut. Wer steckt dahinter? Was bedeuten die mysteriösen Zeichen an den Haustüren? Und wie lautet das Losungswort fürs Kolosseum? Wie gut, dass die Kinder nebenbei den Lieferservice »cena celeris«, »Schnelles Abendessen« betreiben: Der Duft des warmen Fladenbrots öffnet so manche Tür – denn auch Verbrecher haben Hunger!

»›Der römische Geheimbund‹ ist mehr als eine spannende Erzählung. Margit Auers Buch ist nicht nur unterhaltend, es ist auch informativ. Die Vermischung der Darstellung antiken Lebens mit den Abenteuern von Magnus und Finn machen das Buch zu einem Lesevergnügen - auch für Erwachsene. Das besondere Verdienst Margit Auers ist, dass ihr Buch Kindern und Jugendlichen die Welt der Antike näherbringt.« Mittelbayerische Zeitung

Christina Bacher

BOLLE UND DIE BOLZPLATZBANDE: HAI-ALARM!

Köln Krimi für Pänz,
Broschur, 13,5 x 20,5 cm,
128 Seiten

ISBN 978-3-95451-524-0,
€ 7,95 [D] , € 8,20 [AT]

Eine Überfallserie auf Juweliergeschäfte hält die Kölner Nordstadt in Atem – und immer markieren die Diebe die Hauswand mit einem Kreide-Hai. Als der zwölfjährige Wladi mitansehen muss, wie seine eigene goldene Uhr gestohlen wird, macht er sich gemeinsam mit seinen Freunden Sema, Laura und Kevin auf die Suche nach den Verbrechern. Wie immer tut die Bolzplatzbande alles, um schneller zu sein, als die Polizei erlaubt – und gerät dabei in einen Immobilienskandal, der vielen Kölnern ihr Zuhause nehmen soll. Ist dieser Fall eine Nummer zu groß für sie ...?

»Der neue Krimi für Pänz ist bis zur letzten Seite hochspannend, hält er doch immer wieder überraschende Wendungen bereit. Dazu gibt es viel Kölner Lokalkolorit und viele aktuelle Bezüge. Und auch der Humor kommt nicht zu kurz.«
Westdeutsche Zeitung über »Bolle und die Bolzplatzbande: Hai-Alarm!«

»Mit viel Lokalkolorit, aber auch für Nicht-Kölner spannend – wie immer bei der Bolle-Reihe werden Themen aus dem Lebensumfeld von Kindern so verarbeitet, dass die Geschichte den jungen Lesern ganz nahe rückt.«
Oberhessische Presse über »Bolle und die Bolzplatzbande: Hai-Alarm!«

Bildnachweis

3 o., 30, 31, 70, 94 (Hintergrund), 108-111: Raimond Spekking; 8 u. Dietmar Rabich; 19 u. Locutus Borg; 21 ZH2010; 22 o. Jose Antonio; 22 u. Raymond; 26 u., 119 m. Mich.kramer; 28 Hans Peter Schaefer; 29 Willy horsch; 33 o., 34, 68 o., 120 HOWI; 40, 119 AlMare; 45 o. Rainer Zenz; 55 u. Zaqarbal; 56, 57 u. Clio 20; 58 AndreasPraefcke; 59 Doc Taxon; 67 o. Xocolatl; 68 u. Dickybird; 71 u. Anagoria; 78 o. Zefram; 78 u. Thomas Schoch; 85 o. HagenU; 90 David Kusserow; 90 u. Kompakt; 92, 93 CologneSharky; 95 wuestensiegel; 99 u. AVATAR; 115 Triggerhappy: Wikimedia commons; 24, 27 u., 32, 33 u., 35 o., 50 u., 54, 64 o., 69, 97, 98, 119 u.: Wikimedia commons.

9 Frauke Wilken; 10 o., 11 Elmar Schmitz-Hübsch; 10 u. Rhein-Erft-Kreis; 12, 13 RWE; 14,15 Tourismus Siebengebirge GmbH; 16 o. Das Bergische; 16 u. Panabora / Völkner; 17 o. David Bosbach; 17 u. Bergischer Naturschutzverein;

18, U 4, 19 o., 118 LVR-Landesmuseum Bonn; 20 Römisch-Germanisches Museum der Stadt Köln / R. Stokes; 23, 57 o. © Dombauhütte Köln / Foto: Matz und Schenk; 25 o. Stadt Köln, Öffentlichkeitsarbeit; 25 u., 26 o., 44, 71 o., 87, 100, 101 Rheinisches Bildarchiv; 27 o. Wolfgang F. Meier; 28 o. und Mitte Synagogen-Gemeinde Köln; 35 u. Zeichnung: Gerd Aretz, Wuppertal/© Stadt Sprockhövel; 36, 37, 38, 51, 102, 120 Bundesarchiv; 41 u., 47 u., 55 o., 65, 67 u., 83 u., 95 o. Maren Gottschalk; 46 o. Schokofair; 46 u., 47 o. und Mitte Schokoladenmuseum Köln GmbH; 48, 49 li. FRÜH Gastronomie; 49 o. re., 50 o., 52, 53 Emons Verlag; 60 © UNESCO-Welterbestätte Schlösser Augustusburg und Falkenlust, Foto: Horst Gummersbach; 61 Petra Cofflet; 62-63 FARINA GEGENÜBER; 64 u. Henrike Preiss; 72 LVR-Freilichtmuseum Kommern; 73 MUSEUM FÜR ANGEWANDTE KUNST KÖLN, Design-Abteilung © MAKK/ Foto: RBA Köln, Marion Mennecken; 74 o: Walter Dick, bilderbuch-koeln.de; 74 u. National Archives; 75 Paul Diefenbach; 79 FinkensGarten, R. Lay; 80, 116 Karnevalsmuseum; 81 o. Christine Flock; 82 Odysseum; 83 o. Kölner Spielecircus e.V.; 84 Marc Bald; 85 u. BRINGS; 86 © Entwurf: Gerhard Richter, Köln / Foto: Dombauhütte Köln / Matz und Schenk; 87 o. und mi. Museum Ludwig; 88, 117 Hänneschen Theater - Puppenspiele der Stadt Köln; 89 Alexandra Döring; 91 o. Heimspiele / Peter Eilers; 91 u. Deutsche Kultur & Sport Marketing; 102 u. Klosterfrau Gesundheits-Service; 103 Pfeifer & Langen GmbH & Co. KG, Köln; 104 o. 105 u. Ford-Werke GmbH; 104 u. 105 o. DEUTZ AG; 106, 107 Susanne Fern; 112-113 U4 Tierpark Lindenthal; 122 Hanne Engwald.

Abbildungen Cover: Kinder: ThinkStock/getty images; Illustrationen Karsten Molesch , Kölner Dom: shutterstock; Skater an der Südbrücke: mauritius images/Walter G. Allgöwer
Abbildungen Buchrückseite: LVR, ©Andrea Bußmann

Der Verlag dankt allen Bildgebern ganz herzlich für die Bereitschaft, dieses Buchprojekt mit umfangreichem Bildmaterial unterstützt zu haben. Der Verlag und die Autorin haben sich um die Rechteeinholung bemüht. Nicht in allen Fällen ist uns dies gelungen. Sollten Rechte geltend gemacht werden, bitten wir die Rechteinhaber sich mit dem Nachweis direkt an den Verlag zu wenden.

Bibliografische Information der Deutschen Nationalbibliothek
Die Deutsche Nationalbibliothek verzeichnet diese Publikation
in der Deutschen Nationalbibliografie; detaillierte bibliografische Daten
sind im Internet über http://dnb.d-nb.de abrufbar.

Umschlaggestaltung: init | Kommunikationsdesign, Bad Oeynhausen

Lektorat und Bildredaktion: Detlef Reich, Köln
Satz und Gestaltung: init | Kommunikationsdesign, Bad Oeynhausen
Illustrationen: Claudia Carls, Hamburg

Druck und Bindung: Neografia, Slovakei

ISBN 978-3-95451-879-1

Unser Newsletter informiert Sie
regelmäßig über Neues von emons:
Kostenlos bestellen unter
www.emons-verlag.de